Jugar y aprender con el método Montessori

PAIDÓS EDUCACIÓN

Títulos publicados:

M. Acaso y C. Megías, *Art Thinking*
Th. Armstrong, *Inteligencias múltiples en el aula*
X. Aragay, *Reimaginando la educación*
L. Britton, *Jugar y aprender con el método Montessori*

Lesley Britton

Jugar y aprender con el método Montessori

Guía de actividades educativas
desde los 2 a los 6 años

PAIDÓS Educación

Título original: *Montessori Play and Learn*, de Lesley Britton
Publicado originalmente en inglés por Vermilion, un sello editorial de The Random House Group, Londres

Traducción de Pilar Paterna Molina

1.ª edición, 2000
1.ª edición en esta presentación, octubre de 2017

Avda. Diagonal, 662-664. 08034 Barcelona, España
Paidós es un sello editorial de Espasa Libros, S. L. U.
www.paidos.com
www.planetadelibros.com

ISBN: 978-84-493-3378-1
Fotocomposición: Fotocomposición gama, sl
Depósito legal: B. 16.766-2017
Impresión y encuadernación en Liberdúplex, S. L.

El papel utilizado para la impresión de este libro es cien por cien libre de cloro y está calificado como papel ecológico

Impreso en España – *Printed in Spain*

SUMARIO

Prólogo 9
¿Quién era Maria Montessori? 13
La esencia del método Montessori 19
Utilizar el método Montessori 35
Organizar la casa en torno a tu hijo 51
Explorando el entorno 107
Descubrir el mundo 171
Índice analítico y de nombres 201

PRÓLOGO

Cuando me pidieron que escribiera este libro sobre el enfoque Montessori respecto a la crianza y la educación de los niños pequeños en el hogar, pregunté a algunas personas si habían oído algo acerca del método Montessori y, en caso afirmativo, qué pensaban sobre él. Muchos habían oído el nombre, pero muy pocos tenían ni siquiera la más remota idea de lo que trataba en realidad o de por qué había tenido tanto éxito y se había mantenido durante la mayor parte del siglo. Por lo tanto, mi objetivo en este libro ha sido interpretar las ideas de Montessori y hacerlas significativas para los padres que se enfrentan a los problemas de educar a sus hijos en un mundo complejo y en cambio constante.

En la sociedad moderna, el papel de la madre es significativamente diferente de como era en los tiempos de Montessori. Más y más mujeres vuelven al trabajo, por una u otra razón, después del nacimiento de un hijo, y esto, a su vez, afecta al papel del padre y a su contribución a la vida familiar. ¿Qué efecto tiene esto sobre los niños de la familia? ¿Han cambiado las necesidades del niño con esta sociedad cambiante? ¿Cómo podemos averiguarlo? Éstas son todas las cuestiones que hay que tratar, y he investigado los escritos de Montessori, tanto para descubrir las respuestas como para presentar los aspectos más importantes de su método.

El enfoque de Montessori, hace casi un siglo, era observar al niño atentamente para evaluar cuáles podrían ser sus necesidades individuales. Era consciente entonces de que, a medida que la sociedad cambia, las necesidades del niño cambian con ella. Lo crucial, creía, era ser conscientes de estos cambios y asegurar que los hijos puedan afrontarlos. La regla de oro sigue siendo estar siempre atentos, observar, escuchar, proteger y estimular en una unidad familiar afectuosa y segura, aunque esta unidad pueda cambiar de familia a familia y de una época a otra. Este aspecto de la filosofía de Montessori es hoy tan importante como lo era cuando comenzó a dar conferencias y a escribir acerca de sus ideas. Hoy es un punto de partida para los padres.

Otra característica del enfoque Montessori es que coloca el énfasis en el desarrollo global del niño. A comienzos del siglo pasado, a aquellos niños que eran lo suficientemente afortunados para recibir una «educación» se les presionaba frecuentemente para que aprendieran. El énfasis estaba en el desarrollo intelectual y en la adquisición de las tres habilidades básicas: lectura, escritura y matemáticas. Montessori escribe sobre esto con ardor y da muchos ejemplos de cómo la llamada educación fracasaba con muchos niños. Es irónico que hoy algunas personas digan que los niños aún fracasan y que ¡lo que necesitamos es volver a lo más básico! Como padres, en nuestra ansiedad por asegurar que nuestros hijos funcionan bien académicamente, deberíamos recordar el mensaje de Montessori de que otros aspectos del desarrollo de nuestro hijo —físico, emocional y social— son igualmente importantes. Sean cuales sean las prioridades en la educación, una cosa es segura: tenemos que capacitar a niños equilibrados para el siglo XXI. Montessori dio a los profesores muchas ideas prácticas de cómo ayudar a un niño a lo largo de todo su desarrollo, y yo he intentado hacer aquí lo mismo, utilizando sus ideas, pero en un contexto moderno y dentro del entorno del hogar.

El conocimiento de las primeras letras es tema de muchos debates actuales. Muchos niños pequeños parecen hoy estar fracasando, con mucha preocupación por parte de los padres, y es difícil comprender el porqué. ¿Se debe a métodos de enseñanza inadecuados? ¿A profesores mal preparados? ¿A falta de recursos? ¿A actitudes de los padres y a condiciones y relaciones inadecuadas en el hogar? Cualesquiera que sean las razones, el principal mensaje que parece surgir de la investigación es que los niños necesitan estructura, atención individual y un adulto entusiasta que les ayude en su camino hacia las primeras letras. ¿Te sorprende saber que Montessori defendía un enfoque de este tipo y que su «método» para enseñar a leer, escribir y la ortografía ha demostrado tener éxito durante varias generaciones de niños? En este libro también se incluye un bosquejo de su enfoque y de la forma en que se puede utilizar para participar y contribuir al desarrollo del aprendizaje de las letras por parte de los niños.

Otra razón de la popularidad del método Montessori es que, en sus escuelas, se enseña deliberadamente el respeto a los demás. Los profesores establecen límites a la conducta de los niños, llamándoles constantemente la atención hacia la necesidad del autocontrol, de manera que todos puedan vivir y trabajar juntos en armonía. Este enfoque es bien recibido por aquellos padres que sienten que la sociedad hoy se está volviendo demasiado permisiva y los niños, demasiado indisciplinados. Aquí se comenta todo el tema de la disciplina y se ofrecen algunas sugerencias prácticas para su uso.

El énfasis de Montessori en la familia como una unidad de apoyo vital para el niño y el papel de los padres a la hora de comprender y alentar el crecimiento y la educación de un hijo es tan importante hoy como lo ha sido siempre. Cada vez más, tendemos a abandonar a nuestros hijos en el colegio por la mañana temprano, desde muy pequeños, y los recogemos a últimas horas del día, esperando que los «eduquen». Montessori trataba de implicar a los padres en la educación de sus hijos y les hablaba en muchas ocasiones sobre la importancia de su papel. También llamaba la atención sobre los derechos del niño y la necesidad del respeto mutuo.

Desgraciadamente, la sociedad moderna nos presiona tanto que hay una tendencia a perderse las alegrías que nos pueden aportar los primeros seis años de la vida de nuestros hijos. A los niños les encanta jugar porque, entre otras cosas, aprenden a través del juego y, si participas algunas veces en él, utilizando las sugerencias que doy aquí, es seguro que ayudarás a tu hijo a aprender.

Muchos padres que han enviado a sus hijos a una escuela Montessori y que han utilizado el método en el hogar te dirán que la filosofía funciona en la práctica tanto como en la teoría. ¡Disfruta de tu hijo!

LESLEY BRITTON

¿QUIÉN ERA MARIA MONTESSORI?

Muchas personas habrán oído el nombre «Montessori» y probablemente lo asocian con la educación infantil. En realidad, puedes haber elegido este libro en primer lugar porque tu hijo va a un jardín de infancia que utiliza el método Montessori. Sin embargo, relativamente pocas personas conocen realmente lo que significa o saben mucho sobre su fundadora, Maria Montessori. Si deseas aplicar su método a la crianza de tus propios hijos, merece la pena saber un poco sobre su vida y los acontecimientos e influencias que la ayudaron a desarrollar sus ideas sobre la educación de los niños y su aprendizaje inicial.

Nacida en 1870, en una localidad llamada Chiaravalle, en Italia, Maria Montessori era la única hija de una familia de la clase media. Su padre, contable, se trasladó a Roma cuando ella tenía doce años y esto supuso el que pudiera recibir una buena educación que la preparara para una carrera docente, la única profesión realmente abierta para las mujeres instruidas en aquellos tiempos. A medida que se desarrollaban sus estudios, mostró interés por las ciencias y, partiendo de ese interés, surgió la determinación de hacerse médico. Parece una ironía que en su adolescencia se negara tajantemente a seguir los consejos de sus padres de convertirse en maestra. Solicitó una plaza en la Universidad de Roma y, después de batallar contra los prejuicios de finales del siglo XIX hacia las mujeres y la oposición de su padre, consiguió la admisión en la facultad de medicina en 1890. En su momento, consiguió el título y se convirtió en la primera mujer doctora en medicina en Italia.

Al terminar la carrera, su primer puesto fue como ayudante en el Hospital San Giovanni, trabajando con mujeres y niños. En 1897 se hizo ayudante voluntaria en la clínica psiquiátrica de la Universidad de Roma.

Durante este tiempo se encontró con los llamados «niños idiotas». Esos niños que, debido a que eran incapaces de funcionar en la escuela y con sus familias, eran colocados en manicomios entre los locos. En los tiempos en que estudiaba en la universidad se hablaba mucho del socialismo entre los estudiantes y, por lo tanto, no es sorprendente que Montessori tuviera un interés apasionado por la reforma social. Era también una doctora interesada en la pediatría y por ello era especialmente sensible a las condiciones de esos niños que estaban encerrados sin nada que hacer y sin ningún tipo de estimulación sensorial. Cuando comían, se echaban al suelo buscando las migajas. A ella se le ocurría que esta conducta era un esfuerzo claro por su parte para tratar de aprender sobre el mundo que les rodeaba, a través de las *manos*. Esta idea de que el camino hacia el desarrollo intelectual es a través de las manos es un tema fundamental en su método.

Montessori se convenció de que esos niños no eran inútiles: simplemente sus mentes no se habían estimulado nunca. Comenzó a trabajar con ellos en la clínica y poco a poco fue descubriendo vislumbres de esperanza, puesto que respondían a sus esfuerzos.

Buscando información sobre el tratamiento de los niños deficientes mentales, se encontró con las obras de dos famosos doctores franceses, Jean Itard y Édouard Séguin. Itard realizó un estudio notable sobre los sordomudos, pero probablemente es más conocido por sus intentos, durante varios años, de educar y socializar a un chico retrasado que se encontró abandonado en los bosques de Aveyron, en Francia. Escribió un informe sobre su trabajo en un libro titulado *El niño salvaje de Aveyron*. Su enfoque concreto fue estimular sistemáticamente la mente del niño a través de los sentidos.

Édouard Séguin era un alumno de Itard y fundó posteriormente su propia escuela para deficientes en París. Su enfoque concreto era trazar una secuencia de ejercicios musculares para provocar un cambio en la conducta y así educar al niño por medio de un método que él describía como psicológico.

El estudio de la obra de estos dos doctores franceses dio a Maria Montessori un nuevo rumbo en su vida. Adoptó las ideas principales de «educación de los sentidos» y «educación del movimiento» y las adaptó y desarrolló en un sistema que se convirtió en el suyo propio.

El siguiente paso fue orientar sus intereses hacia el estudio de la educación. Leyó metódicamente todas las obras principales que pudo encontrar sobre la teoría de la educación, escritas en los doscientos años anteriores. Poco a poco, algunas de las ideas e intuiciones de pensadores y reformadores de la educación, tales como Rousseau, Pestalozzi y Froebel, se sintetizaron en su mente con las ideas que había obtenido de Itard y Séguin, y empezó a tomar forma el denominado «método Montessori». Lo que ella consiguió, de hecho, fue aunar el conocimiento y los métodos de las disciplinas de la educación y la medicina.

En 1899 estaba dedicada a la creación de la Escuela Ortofrénica de Roma, donde pasó dos años con sus colegas, entrenando a los profesores en el método especial de observación y educación de los retrasados mentales. Durante este tiempo trabajó con los niños observando y experimentando, utilizando diferentes materiales y métodos y usando todas las ideas que había ido recogiendo en sus estudios. Algunos de los niños a los que enseñó, que habían sido etiquetados como «ineducables», aprendieron a leer y a escribir; algunos incluso se presentaron a los exámenes oficiales de enseñanza primaria y aprobaron con notas más altas que los llamados niños «normales». Estos acontecimientos, juntamente con las muchas conferencias públicas que dio en Italia y en otros países europeos, la hicieron famosa. Y lo que es más, ahora era conocida como «educadora» al igual que como «doctora».

En 1901 Maria Montessori dejó su trabajo en la Escuela Ortofrénica para ampliar sus estudios de antropología, psicología y filosofía de la educación en la Universidad de Roma. Sin embargo, según uno de sus biógrafos, Rita Kramer, había otra razón. La importancia de mencionarlo aquí es que este acontecimiento puede haber tenido un efecto profundo en su vida y, en consecuencia, suponer otro punto decisivo importante. Se dice que dio a luz a un hijo ilegítimo, Mario Montessori, por esta época y que el padre era ni más ni menos que su colega en la clínica, el doctor Montesano. Mario fue criado por unos padres adoptivos, pero después fue adoptado por su madre. Kramer afirma que Maria Montessori, «privada de la experiencia de cuidar a su propio hijo, dirigió su atención cada vez más a la forma de atender las necesidades de otros niños».

Cuando estaba estudiando y se estaba preparando para su carrera educativa, Montessori visitó muchas escuelas, observando tanto los métodos utilizados como las reacciones de los niños. Quedó aterrada por lo que vio, y esto la ayudó a cristalizar su creencia en las ideas de los pensadores educacionales que fueron los precursores del «movimiento progresista» en educación. Probablemente la influencia más significativa en ella fue la de Friedrich Froebel, aunque también estaba influida por un antropólogo, Giuseppe Sergi, a quien ella debía el giro de su atención a la importancia del entorno escolar y del papel que podría desempeñar en el cambio de la conducta del niño.

En 1904 fue nombrada catedrática de antropología pedagógica en la universidad y al mismo tiempo continuó con sus otras muchas actividades.

En 1906 le pidieron que organizara las escuelas infantiles que se estaban construyendo dentro de un programa de remodelación de suburbios y realojamiento. La primera escuela, una gran casa en una hacienda de San Lorenzo, era para niños de tres a seis años. La denominó «Casa dei Bambini», la Casa de los Niños en italiano.

En los dos años siguientes, se fundaron otras casas de los niños. En estas escuelas, Montessori podía ahora aplicar sus métodos a los niños normales. Ella creía que, si se conseguían unos resultados tan asombrosos con los niños retrasados, entonces los mismos métodos mejorarían el rendimiento de los niños normales.

Los niños de sus dos primeras casas de los niños eran lo que ahora denominaríamos socioculturalmente necesitados. A menudo estaban faltos de cuidado y carecían de atención y estimulación por parte de sus padres. En muchos casos, los mismos padres eran analfabetos. Bajo los cuidados de Montessori, estos niños comenzaron a aprender satisfactoriamente. En otra escuela, niños de entornos relativamente privilegiados demostraron también que los métodos de Montessori eran muy superiores a la enseñanza convencional de su tiempo. Pronto se hizo evidente, de hecho, que todos los niños eran capaces de logros y de convertirse en aprendices independientes cuando se les enseñaba a través de sus métodos. Las esperanzas de Montessori se hicieron realidad.

Entonces llegó rápidamente la fama y el reconocimiento internacionales. La prensa mundial divulgó muchos casos sobre lo satisfactorio de sus métodos y en el plazo de unos pocos años era conocida en todo el mundo. En 1909 se publicó su libro *El método de la pedagogía científica aplicado a la educación del niño y la casa de los niños*, que describía en detalle su método para las escuelas. Más tarde se tituló *El descubrimiento del niño* y se tradujo a más de veinte idiomas. Aún se sigue publicando en nuestros días.

Vinieron visitantes de muchas partes del mundo para ver por sí mismos la enseñanza tan satisfactoria y estimulante y el aprendizaje que tenía lugar en las casas de los niños. Animados por lo que vieron, lo transmitieron al mundo cuando volvieron a sus hogares. De esta forma, el movimiento Montessori se esparció por todas partes, abriendo escuelas en lugares tan alejados como América del Norte, Japón, Alemania y la India, por mencionar algunos.

A partir de entonces, Montessori se dedicó totalmente a su nuevo trabajo, formando a profesores, escribiendo y dando conferencias. Viajó mucho, visitando las nuevas escuelas y las asociaciones Montessori fundadas. En América, especialmente, sus ideas se aclamaron por todas partes. Fue recibida en la Casa Blanca, y la hija del presidente de Estados Unidos, Margaret Wilson, se convirtió en administradora de la Montessori Educational Association, patrocinada por Alexander Graham Bell.

Al principio de la década de los veinte, Montessori fue designada inspectora gubernamental de escuelas para Italia. No se mantuvo mucho tiempo en el puesto debido a sus desacuerdos con el gobierno fascista. Pasó algún tiempo en España, donde fundó un Instituto Especial de Formación de Profesores en Barcelona. Ante las crecientes tensiones políticas en esa parte de Europa, en los años treinta dejó España para vivir en Holanda. En 1939 estaba en la India, donde permaneció durante los años de la guerra, desarrollando el movimiento en el subcontinente. Como consecuencia, la India ha sido, hasta nuestros días, un gran centro Montessori.

Cuando volvió en 1946, visitó Inglaterra y reavivó allí el interés por el movimiento. Durante los años siguientes, a pesar de su avanzada edad, continuó viajando mucho, enseñando y dando conferencias, y fue honrada por muchos países con premios regios, cívicos y académicos. Murió en Holanda en 1952.

Después de su muerte, el movimiento siguió creciendo de forma continuada. A principios de los sesenta, el crecimiento se aceleró y hubo un resurgimiento del interés por sus ideas en todo el mundo, que continúa hasta hoy. En Estados Unidos, al principio de la década de los noventa había más de cuatro mil escuelas Montessori. De igual forma, en Gran Bretaña, el crecimiento del interés por Montessori ha sido rápido y continuado. Esta expansión continuará sin duda en el futuro, porque se han puesto en marcha programas de entrenamiento en todo el mundo. En octubre de 1991 todos los grupos más importantes se reunieron en Nueva Orleans y se formó un organismo marco, denominado «The Montessori Accreditation Council for Teacher Education». Es un importante paso adelante que ahora respalda el esfuerzo cooperativo para promocionar internacionalmente el método Montessori.

LA ESENCIA DEL MÉTODO MONTESSORI

Para incorporar las ideas de Montessori a tu propio entorno familiar, necesitas tener algún conocimiento de su filosofía básica sobre el desarrollo del niño. Como verás más adelante en este libro, no es tan diferente de la de los expertos modernos y, una vez que los términos se explican, es fácil aplicarlos a tu propia vida cotidiana.

Maria Montessori obtuvo sus ideas sobre cómo manejar y educar a los niños de sus observaciones de los mismos en diferentes etapas de su desarrollo y de su contacto con niños de diferentes culturas. Identificó lo que ella consideraba que era normal en todos los niños como «las características universales de la infancia», con independencia de dónde habían nacido los niños o de cómo se habían educado. Luego comenzó a actuar como intérprete para los niños de todo el mundo, aconsejando a los adultos que adoptaran un nuevo enfoque con ellos y trataran el período de la niñez como una entidad en sí misma, no simplemente como una preparación para la edad adulta.

Estas características se pueden resumir como sigue:

- Todos los niños tienen una mente «absorbente».
- Todos los niños pasan por períodos «sensibles».
- Todos los niños quieren aprender.
- Todos los niños aprenden por medio del juego/trabajo.
- Todos los niños pasan por diversas etapas de desarrollo.
- Todos los niños quieren ser independientes.

Puesto que todas en conjunto forman el núcleo de creencias en el que se basa el método Montessori, merece la pena examinarlas con más detalle.

La mente absorbente

Un niño es fundamentalmente diferente de un adulto en la forma en que aprende. Tiene lo que Montessori denominó una *mente absorbente,* una mente que inconscientemente absorbe información del entorno, aprendiendo sobre él de manera rápida. Esta capacidad de aprender así es única de los niños pequeños y dura más o menos los seis primeros años de su vida. Durante este tiempo, las impresiones que quedan en la mente del niño realmente la modelan y forman y, por consiguiente, tienen un impacto sobre su desarrollo futuro. Resulta, por lo tanto, que cada una de las experiencias precoces es de vital importancia; esto es especialmente así en la primera fase de la *mente absorbente* —desde el nacimiento hasta los tres años—, cuando el aprendizaje consciente aún no ha surgido.

Tomemos, por ejemplo, la forma en que un niño aprende el lenguaje. Sus padres no le enseñan: el lenguaje se adquiere sin esfuerzo y literalmente se sumerge en él. De forma menos evidente, adquiere las normas sociales y culturales de su grupo también de esta manera. Los bebés nacidos en China, América, África o Europa son más o menos iguales cuando nacen, excepto, tal vez, por las características faciales o el color de la piel, pero en los primeros años, y ciertamente a la edad de seis, todos han aprendido a hablar su lengua materna y todos muestran diferentes tipos de conducta de acuerdo con su propio grupo social y cultural concreto.

La mente consciente

En la segunda fase —de los tres a los seis años—, la mente del niño es aún «absorbente», pero ahora comienza a aparecer la «conciencia». Ésta viene en parte con el conocimiento y en parte con el lenguaje. También en este momento comienza a aparecer su *voluntad.* Con la capacidad de controlar sus acciones —y, desde luego, con la capacidad de decir «no»— parece ahora saber lo que quiere y no duda en tratar de salirse con la suya. Puesto que ésta es también la fase en que se adquieren rápida y fácilmente nuevas habilidades, plantearán preguntas interminables del tipo «por qué» y «cómo»; su mente es todavía *absorbente,* pero ahora muestra una sed consciente de conocimiento.

De lo que ya he dicho no hay que deducir que un niño de esta edad tiene una mente como una hoja de papel en blanco o como una vasija vacía que se irá llenando poco a poco, absorbiendo indiscriminadamente del mundo externo. El proceso de aprender durante este período es *activo,* en vez de *pasivo.* Tu hijo tiene energías e impulsos innatos que tienen bastante que decir sobre lo que sucede, algo así como un proyecto inicial. De ello se deriva que deberías tratar de darle tanta libertad como sea posible en estos momentos, para observar qué es lo que más le interesa. Sólo con esta libertad podrá desarrollar todo su potencial.

Todo esto está muy bien en el entorno controlado del jardín de infancia, pero muchos padres encuentran esta idea muy difícil de encajar en el hogar. Desde el nacimiento hasta los seis años es también el período en que los niños son más vulnerables y cuando tienen mayor necesidad de protección. Es mucho más fácil decir «no», «eso no se toca» o «eso no se hace» y demás, hasta que crees que es lo suficientemente mayor para saber lo que es seguro, lo que está bien y lo que está mal. Maria Montessori descubrió, sin embargo, que con una guía adecuada se puede enseñar la seguridad a un niño por experiencia, desde una edad bastante precoz.

Más adelante podrás ver cómo se puede organizar tu casa para darle a tu hijo más libertad de la que jamás podrás haber creído posible. Hay muchos juegos y actividades que te pueden ayudar a enseñar a tu hijo, que está dando sus primeros pasos o que es muy pequeño, a tratar con respeto cosas como sartenes o cacerolas calientes, aparatos eléctricos y así sucesivamente. Cuando aplicas las ideas de Montessori, estás ayudando a tu hijo a desarrollar la autodisciplina que necesita para evitar problemas.

LOS PERÍODOS SENSIBLES

A partir de sus observaciones de los niños, Montessori se dio cuenta de que parecen pasar por fases en las que repiten una actividad una y otra vez, sin ninguna razón aparente. Se ven totalmente absortos por lo que están haciendo y, durante esa época, es la única cosa en la que están interesados.

Esto es fácil de observar. En una visita para hacer la compra en el supermercado, por ejemplo, puedes observar que tu hijo de dos años quiere tocar todo lo que está a la vista. Se dirige a las estanterías, toma algo, lo mira, lo palpa, le da vueltas, trata de descubrir para qué sirve y qué se puede hacer con ello. Probablemente hace esto una y otra vez y puede parecerte difícil sacarlo de allí cuando tienes prisa por volver a casa; la confrontación resultante es bastante familiar para todos nosotros. En esta situación puede ser de ayuda el saber que tu hijo no se está «portando mal» deliberadamente sino que, de acuerdo con Montessori, está mostrando su predisposición a desarrollar nuevos conocimientos y habilidades a través de sus sentidos. Necesita explorarlo todo: es así como aprende. En términos de Montessori, éste es un «período sensible».

Una vez que ha adquirido el suficiente conocimiento del mundo, pasa la fase y ya no hay un deseo incontrolable de tocarlo todo. Pero si se ponen muchas restricciones al niño y se obstaculizan sus instintos naturales cuando está en esta fase, puede tener una rabieta para demostrarte que tiene una necesidad de aprender insatisfecha.

Montessori identificó seis *períodos sensibles* de este tipo:

Sensibilidad al orden.
Sensibilidad al lenguaje.
Sensibilidad a caminar.
Sensibilidad a los aspectos sociales de la vida.
Sensibilidad a los pequeños objetos.
Sensibilidad a aprender a través de los sentidos.

Sensibilidad al orden

La sensibilidad al orden aparece en el primer año —incluso en el primer mes— de vida y continúa hasta el segundo año. Durante este tiempo, los bebés y los niños luchan por clasificar y categorizar todas sus experiencias, y les es más fácil hacerlo si hay un cierto orden en su vida. Les gusta en cierto modo que se les dirija, por parte de la misma persona y en un entorno conocido. Esto no hay que confundirlo con la necesidad de limpieza de un adulto; para un bebé es más una necesidad de coherencia y de familiaridad, de modo que se pueda orientar y construir un cuadro mental del mundo. Esta necesidad es especialmente evidente en el niño desde la edad aproximada de dieciocho meses. Es posible que notes que se desconcierta por los cambios, tales como redecorar su habitación, mudarse de casa o ir de vacaciones.

Esto coincide con la etapa en que se da cuenta por primera vez de que es capaz de manipular su entorno moviendo los objetos de un lado a otro, pero para hacerlo espera encontrar los objetos en el lugar en que los vio por primera vez; si las cosas son diferentes, se desorienta.

Sensibilidad al lenguaje

La capacidad de utilizar el lenguaje —de hablar— tiene evidentemente una importancia fundamental, puesto que desempeña un papel vital en todo el crecimiento intelectual subsiguiente. El período sensible para el lenguaje comienza desde el nacimiento. Tu bebé oye tu voz y observa tus labios y tu lengua —los órganos del habla— desde el nacimiento, absorbiéndolo todo a cada instante. Hacia la edad de seis años, casi sin ninguna enseñanza directa, ha adquirido un amplio vocabulario, los patrones básicos de las frases, las inflexiones y el acento del lenguaje. Esto no significa que haya adquirido una competencia total en el lenguaje; seguirá adquiriendo estructuras de frases más complejas y ampliando su vocabulario durante toda la infancia. A los seis años, sin embargo, ha adquirido una extraordinaria cantidad de vocabulario. Si, por cualquier motivo, un niño no está expuesto al lenguaje regularmente durante este período, quedará irremediablemente dañado. Dependiendo del grado de privación, podría padecer más limitaciones en su crecimiento intelectual, que difícilmente se podrían compensar nunca del todo. Montessori creía, por lo tanto, que es especialmente importante que los adultos conversen con los niños durante este período, enriqueciendo continuamente su lenguaje y dándoles todo tipo de oportunidades de aprender nuevas palabras.

Sensibilidad a caminar

Cuando tu bebé comienza a aprender a caminar, más o menos entre los doce y los quince meses de edad, tiene la necesidad de practicar y perfeccionar esta habilidad. Caminamos porque necesitamos ir de un lado a otro o por ejercicio, pero en esta etapa, tu hijo, que da sus primeros pasos, camina por el mero placer de hacerlo. Una vez que adquiere la movilidad, está constantemente en movimiento. En su libro *Niño. El secreto de la infancia,* Montessori da ejemplos de niños de dos y tres años que caminan kilómetros y trepan y bajan escaleras con el único propósito de perfeccionar sus movimientos.

Solemos infravalorar la capacidad de caminar de un niño: hasta los niños muy pequeños son capaces de caminar largas distancias, siempre que puedan hacerlo a su propio ritmo. Hay diferencias entre ir a pasear con un niño y llevar a un niño a pasear: no tiene sentido llevar a un niño de la mano y que camine al paso del adulto —se cansará pronto y pedirá que le lleven en brazos—, pero si vas a su ritmo, parando cuando él quiere y desplazándote cuando está dispuesto a hacerlo, ambos podéis disfrutar mucho del paseo ¡y puedes recorrer un camino sorprendentemente largo!

Sensibilidad a los aspectos sociales de la vida

Hacia la edad de dos años y medio o tres, te darás cuenta de que tu hijo se ha hecho consciente de que forma parte de un grupo. Comienza a mostrar un intenso interés por otros niños de su edad y poco a poco comienza a jugar con ellos de una forma cooperativa. Hay una sensación de cohesión que Montessori creía que no estaba fijada por la instrucción, sino que surgía espontáneamente y era dirigida por impulsos internos. Observó que en esta etapa los niños comenzaban a modelarse en la conducta social adulta y poco a poco adquirían las normas sociales de su grupo.

Sensibilidad a los pequeños objetos

Alrededor del año, cuando el niño dispone de mayor movilidad y por lo tanto tiene un entorno más grande que explorar, se ve atraído por los pequeños objetos, tales como insectos, piedrecillas, piedras y hierbas. Toma cualquier cosa, la mira de cerca y tal vez se la lleve a la boca. El impulso a prestar atención al detalle que tienen los niños de esta edad forma parte de su esfuerzo por construir una comprensión del mundo.

Sensibilidad a aprender a través de los sentidos

Desde el momento de su nacimiento, tu bebé recibe impresiones del mundo a su alrededor a través de sus cinco sentidos. Al principio, están activos los sentidos de la vista y el oído, luego gradualmente, a medida que se desarrolla el movimiento, desempeña un papel el sentido del tacto, seguido del gusto a medida que es capaz de llevarse cosas a la boca. Igual que los últimos expertos en el desarrollo del niño, Maria Montessori recomendaba que el bebé permaneciera cerca de los adultos que lo cuidan, de manera que pueda ver y oír todo lo que sucede a su alrededor. En cuanto comienza a poder moverse —gatear o caminar— necesita toda la libertad necesaria para poder explorar. Ésta es probablemente la idea que los padres encuentran más difícil de aceptar, pero trata de hacerlo si puedes; si impides su exploración sensorial diciendo «no» constantemente y limitas a tu bebé o a tu hijo, que está aprendiendo a andar, a su parque o lo tienes sujeto con correas en su silla durante largos períodos de tiempo, su aprendizaje se inhibirá.

Los niños quieren aprender

Montessori observó que todos los niños tienen una *motivación innata* para aprender; en realidad no puedes impedirles que lo hagan. Merece la pena hacer un esfuerzo para comprender la mejor forma de alimentar esto y desarrollar una actitud positiva hacia las cosas que se espera que tu hijo tendrá que aprender en las diferentes etapas de su educación, comenzando por los primeros días en el jardín de infancia. Con demasiada frecuencia un niño dirá que no le gusta el colegio o que no quiere hacer algo que su padre o su madre consideran importante que aprenda. Este tipo de actitud se puede evitar si pones en práctica los principios de Montessori desde el primer momento.

Es importante comprender lo que entendemos por aprender. Una definición sencilla es que es un proceso por medio del cual se produce un cambio de conducta relativamente permanente en el individuo. Uno de los grandes alicientes del enfoque de Montessori es que sus ideas, formuladas hace más de cincuenta años, no sólo han superado la prueba del tiempo, sino también que mucho de lo que ella descubrió entonces por medio de una observación e intuición perspicaces se ha visto respaldado ahora por investigaciones recientes.

También es importante darse cuenta de que el aprendizaje comienza *desde el nacimiento* y que los procesos fundamentales por los que los niños aprenden están establecidos en un momento muy temprano de la vida. Para empezar, aprenden a través del juego, experimentando con las cosas del mundo que les rodea; por ejemplo, la idea de que el agua está mojada, que puede estar fría o caliente, que se puede verter de un recipiente a otro, igual que con multitud de otras cosas, la aprenderá tu bebé o tu niño por medio del juego con el agua en el cuarto de baño o en la cocina, en el curso normal de su vida.

Este juego espontáneo se inicia en respuesta a sus necesidades del desarrollo. Lo que puedes hacer para ayudarle es disponer tu casa de manera que ponga a su disposición tantas experiencias y actividades diferentes como sea posible, que sean adecuadas a su edad. También es importante que tú mismo te unas a estas actividades, proporcionándole estímulo e interacción social, y también estar ahí para vigilar cualquier situación problemática que pueda surgir.

Todos los niños aprenden por medio de la participación *activa*, implicándose de una manera práctica y tratando de hacer algo por sí mismos, especialmente utilizando las *manos*. Montessori daba una gran importancia a esta conexión entre el cerebro y el movimiento: observar al niño hace evidente que el desarrollo de su mente surge a través de sus movimientos, creía ella. Consideraba que el proceso de aprender tiene tres partes: el cerebro, los sentidos y los músculos, y que todos ellos deben cooperar para que tenga lugar el aprendizaje.

Es importante reconocer este enfoque activo del aprendizaje. Es demasiado fácil hacer que tu hijo se quede quieto, sentado, y escuche u oiga cuando le enseñas algo, sin dejarle unirse a ti y participar. Peor aún es sentarlo frente al televisor donde no hay la más mínima interacción adecuada. Claro que podría esparcir la harina por todas partes cuando está removiendo la masa del pastel o derramar el agua en el suelo cuando trata de lavarse, pero seguirá cometiendo estos errores mucho más tiempo si nunca le das la oportunidad de que lo intente y perfeccione esas habilidades.

Todos los niños aprenden a su propio ritmo y a su debido tiempo. No hay dos iguales; así pues, nunca es una buena idea forzar a un niño a hacer algo en contra de su voluntad. Es mucho mejor introducir una idea y continuar sugiriéndola de vez en cuando hasta que muestre interés por ella y diga que quiere intentarlo; entonces puedes alentar su participación activa, construyendo su confianza en sí mismo de manera que en el futuro pueda adelantarse a intentar más rápidamente algo nuevo. La clave es hacer la actividad inicial muy sencilla, de manera que sienta que está teniendo éxito desde el mismo comienzo: doblar una servilleta, por ejemplo, está dentro de las capacidades de un niño de sólo dos años.

Otro aspecto del aprendizaje que reconocía Montessori y con

el que simpatizaba es la necesidad del niño de hacer cosas una y otra vez para perfeccionar las acciones. Cuando repite continuamente una actividad, está construyendo patrones automáticos que con el tiempo se fijarán como imágenes mentales. Finalmente, estas imágenes mentales se pueden representar por medio del lenguaje; si le hablas a tu hijo tanto como sea posible sobre lo que hace y sobre los acontecimientos que le suceden, poco a poco aprenderá las palabras que corresponden a sus acciones. La investigación ha demostrado que el aprendizaje de un niño se puede mejorar considerablemente por medio de este intercambio de ideas a través del lenguaje entre padres e hijos.

Montessori diseñó un cuadro como el que figura en la página siguiente para sus alumnos profesores, subrayando la conexión entre el cerebro y las manos. Lo puedes utilizar para ayudarte a decidir los materiales de juego y aprendizaje apropiados para las diferentes etapas del desarrollo de tu hijo.

Aprender a través del juego

Muchas personas están confundidas sobre el papel del juego en el método Montessori: hay quien parece creer que los niños, en los jardines de infancia Montessori, simplemente se pasan el día jugando y no aprenden nada; otros, que saben algo más acerca de sus teorías pero que las han interpretado igualmente mal, creen que son lugares donde a los niños se les hace trabajar todo el tiempo y no se les permite en absoluto jugar.

«Jugar», por supuesto, se puede interpretar de muchas formas diferentes. Cuando se utiliza para referirse a una actividad adulta, normalmente significa tomar parte en un juego estructurado que requiere habilidades físicas o mentales o desempeñar un papel. Sin embargo, cuando se utiliza para referirse a la actividad de un niño, se entiende normalmente que significa algo que no tiene ninguna importancia. Por otra parte, investigaciones sobre el juego de los niños han demostrado que no es ése el caso. Para el niño, el juego es una actividad agradable, voluntaria, con una finalidad y espontáneamente elegida. Con frecuencia es también creativa, implicando solución de problemas, aprendizaje de nuevas habilidades sociales, nuevo lenguaje y nuevas habilidades físicas. El juego es muy importante para el niño pequeño, puesto que le ayuda a aprender nuevas ideas y a ponerlas en práctica, a adaptarse socialmente y a superar problemas emocionales, especialmente en juegos imaginativos, tales como jugar a papás y mamás con las muñecas.

Las interpretaciones erróneas de las ideas de Montessori tienen dos orígenes. El primero es la forma tan rígida en la que algunos profesores Montessori han insistido en presentar los materiales Montessori, sin dejar espacio alguno para el descubrimiento o la creatividad. Como padres, tenéis en esto una ventaja, puesto que no estáis restringidos en absoluto a usar los equipos Montessori y podéis adaptar libremente sus ideas a las circunstancias de vuestro hogar.

La segunda fuente de interpretaciones erróneas proviene de los propios escritos de Montessori. Ella utilizaba con frecuencia

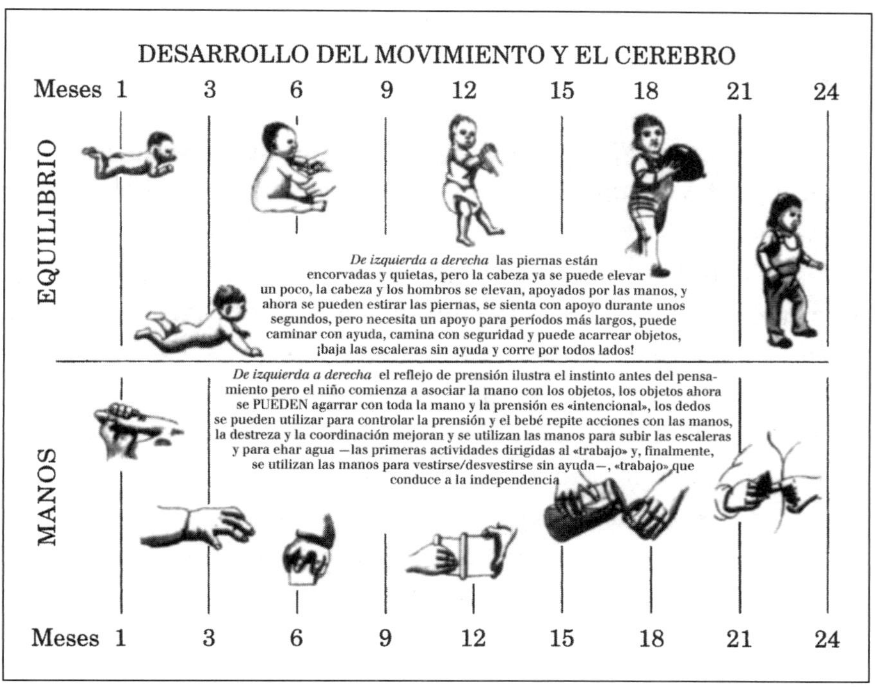

la palabra «trabajo» en relación con las actividades de los niños. «El juego satisface sólo una parte de la naturaleza de uno, el trabajo va a más profundidad y proporciona satisfacción al ser total de uno», escribió. Cuando utilizaba la palabra «trabajo» en este contexto, sin embargo, no la estaba usando en su sentido adulto; la estaba aplicando al aprendizaje.

Las actividades en las que se ocupan los niños en un colegio Montessori las puede etiquetar como «trabajo» el profesor, pero probablemente a ti te parecerían mucho más un «juego». Para Montessori, ambas palabras eran sinónimas: el juego es el trabajo de tu hijo, simplemente porque es el medio por el que aprende.

A lo largo de toda su vida, Montessori creía en el valor de practicar juegos estructurados con los niños. Hay muchos juegos que se pueden realizar con los materiales de enseñanza Montessori como forma de reforzar el aprendizaje de un niño; algunos se incluyen en este libro y se han seleccionado porque se pueden jugar utilizando equipos realizados en casa. Otros se pueden adquirir comercialmente.

Etapas del desarrollo

Montessori creía que los niños pasaban por tres fases claras del desarrollo desde el nacimiento hasta los dieciocho años, durante las cuales aprenden de maneras cualitativamente diferentes. Esta convicción estaba basada en su observación de los niños más que en la investigación científica, pero hallazgos posteriores están en gran manera de acuerdo con estas ideas y ahora se dispone de muchos más conocimientos en profundidad.

La edad a la que llegan a una etapa concreta del desarrollo no está establecida rígidamente, y varía de un niño a otro, pero cada etapa sigue a la anterior y se apoya firmemente en ella, y no se puede omitir ninguna etapa. Los niños con frecuencia retroceden temporalmente a una etapa anterior.

Primera etapa: desde el nacimiento hasta los 6 años

Desde el nacimiento hasta los tres años, el niño tiene lo que Montessori denominó una mente «absorbente» o «inconsciente» (véase pág. 20). Durante este tiempo, aprende por impresiones que absorbe del entorno, sin ser consciente del proceso. Montessori consideraba ésta la parte más importante de las tres etapas.

Desde los tres a los seis años, el niño desarrolla una mente «consciente» (véase pág. 20); aunque todavía absorbe información de su entorno, ahora ha desarrollado una memoria y una voluntad. Adquiere también rápidamente el lenguaje, lo que supone una diferencia significativa en la forma en que adquiere nuevos conocimientos.

Segunda etapa: desde los 6 a los 12 años

Montessori denominó a este período el de la adquisición de la cultura.

Tercera etapa: desde los 12 a los 18 años

El período de la adquisición de la independencia. Montessori creía que durante este tiempo tienen lugar tantos cambios que el niño necesita tanto cuidado y atención como cuando tiene menos de seis años.

En este libro nos ocupamos sólo de las dos partes de la primera etapa, pero es importante tener en cuenta estas etapas a medida que tu hijo va creciendo. Obsérvalo detenidamente en todo momento y pregúntate qué le gusta hacer, qué encuentra fácil hacer, qué encuentra difícil y qué es lo que le hace más feliz. Recuerda que no hay dos niños iguales, incluso dentro de la misma familia. Cada niño es único y seguirá su propio ritmo natural de desarrollo.

Estimular la independencia

Desde el comienzo mismo, tu hijo lucha por la independencia, y la mejor forma de ayudarle a conseguirla es mostrarle las habilidades que necesita para obtener unos resultados satisfactorios. Por desgracia, muchos padres con frecuencia (con la mejor de las intenciones) tratan de ayudarle demasiado y de una forma equivocada. Muchos, por ejemplo, en vez de esperar con paciencia cada día mientras el más pequeño lucha por abrocharse los botones, ponerse el cinturón o atarse los cordones de los zapatos, acaban por hacer estas cosas en su lugar. Al comportarse de este modo, los padres no sólo ponen obstáculos en el camino del desarrollo natural del niño, sino que también impiden que el niño lleve a cabo actividades que le enseñen sobre el mundo y le ayuden a construir su confianza en sí mismo.

En el jardín de infancia, Montessori desarrolló un área del currículo al que denominó *Ejercicios de la vida diaria*. Son actividades sencillas, cotidianas, llevadas a cabo rutinariamente por los adultos para mantener y controlar el entorno en el que viven y trabajan. Las actividades son utilitarias y así, para el adulto, tienen una finalidad y son un medio para un fin, y el resultado final es más importante que el proceso. Las actividades de la vida diaria permiten al adulto controlar su entorno físico y social.

Desde muy temprana edad, todo niño observa cómo sus padres llevan a cabo estas actividades cotidianas y por esta razón tiene un intenso deseo de copiarlos y aprender de ellos: es una forma de adaptarse al mundo que le rodea. Sin embargo, a diferencia del adulto, el llevar a cabo estas sencillas rutinas diarias para el niño es una cuestión de desarrollo y absorción; está más interesado en los procesos implicados que en el resultado final.

Cuando las actividades de la «vida diaria» se introducen en las aulas del jardín de infancia, la conducta de los niños cambia de manera espectacular. Los profesores que introducen actividades por primera vez no pueden dar crédito a la diferencia que suponen y a cómo el niño las disfruta. El llevar a cabo estas sencillas actividades cotidianas cubre la necesidad del niño de independencia y, debido a esto, se ve absorbido y concentrado en ellas. Tales ejercicios desarrollan las habilidades motrices y de coordinación, al tiempo que enriquecen su vocabulario. Socialmente, también se desarrollan nuevas habilidades a medida que poco a poco se hace más consciente de las necesidades de otras personas. El completar satisfactoriamente tareas que parecen ser útiles ayuda a construir su autoestima y le hace sentirse un miembro valioso del grupo.

Puedes implicar a tu hijo en actividades de la vida diaria en el hogar; Montessori, de hecho, creía que esto era una parte de vital importancia del papel de los padres. Ten en cuenta, sin embargo, los siguientes *síes y noes* a medida que introduces a tus hijos en estas actividades.

Los síes y noes de la vida diaria

- Nunca des a tu hijo herramientas *de juguete,* tales como un recogedor y una escoba de juguete o un cuchillo que es romo y en realidad no corta, porque pronto descubrirá que no los puede hacer funcionar, se sentirá frustrado y abandonará.
- Proporciónale herramientas reales, asegurándote de que son del tamaño adecuado para él.
- Cuando le enseñes a hacer algo, hazlo lentamente, para darle tiempo de absorberlo totalmente, y repítelo varias veces si es necesario, para asegurarte de que ha captado el sentido.
- Si es necesario, guíale durante toda la actividad, paso a paso, asegurándote de que comprende cada paso antes de pasar al siguiente.
- Déjale que repita la actividad tantas veces como quiera, puesto que es así como aprende.

Merece la pena dedicar un poco de tiempo cada mañana a pensar sobre lo que vas a hacer ese día y cómo te puede ayudar tu hijo en ello. En los capítulos que siguen encontrarás muchas sugerencias concretas de cómo puedes ayudarle a que se ayude a sí mismo de esta manera. Cuando es posible, las actividades están organizadas para los diferentes grupos de edad.

UTILIZAR EL MÉTODO MONTESSORI

Una vez identificadas las características universales de la infancia, Maria Montessori se concentró luego en cómo poner en práctica de la mejor forma estos descubrimientos en la crianza y educación de los niños. Para hacerlo, formuló lo que se denomina el método Montessori. Los principales objetivos son:

- Facilitar el desarrollo de la personalidad única del niño.
- Ayudarle a ajustarse bien social y emocionalmente y a crecer como un niño feliz y físicamente fuerte.
- Ayudarle a que le sea posible desarrollar su capacidad intelectual plena.

DESARROLLAR LA PERSONALIDAD

Ha habido una considerable cantidad de investigaciones desde los tiempos de Montessori en el área del desarrollo de la personalidad, y muchas de sus ideas están en consonancia con las investigaciones actuales.

Montessori consideraba a cada persona como un todo integrado y creía que un niño construye o crea su personalidad por medio de la participación activa con el entorno a medida que lucha por su propia realización. Identificó varias etapas diferentes del desarrollo y creía que la adecuación de una persona como adulto dependía de su progreso satisfactorio a través de cada etapa.

- Durante la primera etapa (infancia), tu hijo necesita que le hagan sentirse seguro y establecer una relación satisfactoria contigo, la madre, o la madre sustituta; se debe atender a sus necesidades físicas.
- En la siguiente etapa necesita desarrollar la independencia. Aún te necesita, especialmente cuando trata de hacer cosas por sí mismo, porque si fracasa con demasiada frecuencia perderá la confianza y comenzará a dudar de su propia capacidad. Montessori estaba convencida de que hacia la edad de tres años el niño «ya ha sentado los fundamentos de su personalidad», algo con lo que la mayoría de los padres están de acuerdo a partir de las observaciones de sus hijos a medida que crecen.
- En la etapa final que dura desde la edad de tres a seis años, correspondiente a la fase «consciente» de la mente absorbente, la personalidad de tu hijo es lo suficientemente maleable para ser «normalizada», como lo expresa Montessori. Esto significa que, con un manejo cuidadoso y empático, aún puede ajustarse, tanto a sí mismo como en relación al mundo exterior, y se mostrará feliz y contento.

Montessori creía también que los niños nacen con diferentes disposiciones y diferentes puntos fuertes en su carácter. Algunos niños son fuertes y otros son débiles, aunque ninguna de estas descripciones se debería tomar como un juicio de valor: cada uno tiene su lugar.

El cuadro que se presenta en la página siguiente establece los diferentes tipos de características que aparecen durante los primeros seis años de la vida de un niño.

El papel de los padres

Para ayudar a que la personalidad de tu hijo se desarrolle durante sus primeros seis años, has de ser consciente de la impor-

FUERZAS CREATIVAS VITALES DENTRO DEL NIÑO

QUE INTERACTÚAN CON

LAS CONDICIONES DEL ENTORNO

CARÁCTER FUERTE — CARÁCTER DÉBIL

Mala interacción	Buena interacción	Mala interacción
PROBLEMAS DE CONDUCTA	*NIÑO NORMALIZADO*	*PROBLEMAS DE CONDUCTA*
Fuerte	*Armonía y unidad*	*Débil*
1 Mal coordinado	1 Amor al orden	1 Descuidado
2 Confusión mental	2 Amor al trabajo	2 Perezoso, aburrido
3 Imaginación extravagante	3 Apego a la realidad	3 Muestra temor
4 Ruidoso, molesta a los demás	4 Amor al silencio y a trabajar solo	4 Siempre quiere que le ayuden en el trabajo
5 Posesivo, egoísta	5 No posesivo	5 Roba con frecuencia
6 Desobediente	6 Obediente	6 Obediente por miedo
7 Incapaz de concentrarse	7 Se concentra	7 Incapaz de concentrarse
8 Agresivo	8 Muestra independencia e iniciativa	8 Dependiente, pasivo
9 Mala autodisciplina	9 Autodisciplinado	9 Mala autodisciplina
10 Antipático con los demás	10 Disfruta	10 Llora, pesadillas, miedo a la oscuridad

tancia de tu papel en este desarrollo, así como de la importancia de tu actitud hacia el manejo de las diversas situaciones que surgen a diario. Las reglas de oro son:

- Dejarle libertad dentro de unos límites.
- Respetar la individualidad del niño.
- Resistirte a imponer tu propia voluntad y personalidad a tu hijo.

Ayuda al ajuste social y emocional

A la edad de seis años, tu hijo debería estar bien adaptado socialmente, ser capaz de comportarse de una manera aceptable de acuerdo con las normas de tu grupo. Debería ser capaz de cooperar con niños de su misma edad y haber desarrollado una actitud cuidadosa y respetuosa hacia las otras personas.

Debería mostrar ahora una estabilidad emocional y tener un apego normal a sus padres. En esta edad no debería ya necesitar aferrarse a ti y exigir una reafirmación constante. Si lo hace, ello demuestra que en algún punto del desarrollo ha perdido la confianza en sí mismo y esto hay que superarlo. En vez de ello, debería estar bastante feliz sin ti, si le has dado la confianza necesaria para empezar y, cuando vaya a la escuela, debería estar bien equipado y dispuesto a hacer frente a las nuevas situaciones a medida que surjan.

Tu enfoque de la *disciplina* es crucial en esta área del desarrollo. Montessori escribió mucho sobre la importancia de estimular la autodisciplina en los niños y las formas en que ella pensaba que esto se podía llevar a cabo. Identificó tres etapas de obediencia que llevan a la autodisciplina:

Primera etapa: desde el nacimiento hasta los 18 meses

Apenas hay obediencia como tal, puesto que el niño simplemente no comprende el concepto durante esta etapa. Sin embargo, si a tu hijo se le trata con coherencia y sensibilidad, se establecen los comienzos de una relación cooperadora. Lo importante es atender todas las necesidades del niño, con serenidad y cariño.

Segunda etapa: desde los 18 meses más o menos hasta los 4 años

El período de transición. La obediencia es evidente en algunos momentos, dependiendo de lo que tu hijo comprenda. La clave de este período es crear un entorno seguro de manera que pueda explorar libremente sin que tengas que estar constantemente diciendo «no». Tómate siempre tiempo para explicar las cosas, de manera que aumente su comprensión; de esta manera se pueden evitar las rabietas. Está también en el período sensible al orden, de manera que es importante establecer rutinas que le den seguridad.

TERCERA ETAPA: DESDE LOS 4 AÑOS MÁS O MENOS HASTA LOS 6 AÑOS

La comprensión de tu hijo aumenta enormemente durante este período, y hacia la edad de seis años debería hacer lo que le dicen por medio de su comprensión y de su deseo de complacer. Muchos padres habrán observado que sus hijos son profundamente conservadores y no les gusta ser «diferentes». En esta etapa es de importancia crucial darle tiempo para que complete las actividades; trata de organizar las cosas de manera que no tengas siempre que darle prisas o impedirle que termine algo que ha empezado. Esto es aplicable a un juego y también a algo más básico como lavarse las manos. No puedes esperar que un niño aprenda a concentrarse si siempre se le interrumpe cuando está a la mitad de cualquier cosa. La finalización satisfactoria de una tarea forma parte integral del método Montessori; para tu hijo es una recompensa en sí misma y conduce a la autodisciplina.

La disciplina real no trata de conseguir que un niño haga lo que le mandan, que se vaya a la cama a cierta hora ni que recoja sus juguetes. Se trata de conseguir que se cuide y comprenda lo suficiente de sí mismo de manera que pueda desarrollar el autocontrol.

Esto sólo se puede llevar a cabo en un entorno cálido y de aceptación, en el que respetes las necesidades de tu hijo, seas tolerante con sus sentimientos y estés preparado para darle el tiempo suficiente que asegure que ha comprendido por qué se espera que se comporte de un cierto modo. Es muy importante poner límites, desde luego, pero límites apropiados a su edad y a su nivel de comprensión. Al establecerlos, necesitas estar seguro de que realmente conoces a tu hijo. Pregúntate a ti mismo si tus expectativas para él son razonables; ¿están realmente dentro de sus posibilidades? Por ejemplo, si está siempre agitado a las horas de las comidas, ¿estás seguro de que realmente puede manejarse en una silla normal? Si se sienta sobre un cojín, tal vez se resbala y eso le hace sentirse inseguro. Tal vez le puedas poner un asiento alto durante un tiempo de manera que pueda alcanzar cómodamente la mesa.

Lo importante es adoptar un enfoque positivo. Si estás siendo negativo constantemente, pronto captará el mensaje de que nunca puede conseguir tu aprobación y pronto dejará de intentarlo, haciendo que la situación empeore. No esperes que sea perfecto —nadie lo es—; por lo tanto, intenta no ser crítico. Si adoptas una actitud de estimularlo, poco a poco aprenderá a saber lo que se espera de él y querrá hacerlo porque está naturalmente deseoso de agradarte.

No es justo esperar que tu hijo haga algo que tú no estás preparado para hacer por ti mismo. Una vez más, los modales en la mesa son con frecuencia un área de conflicto: puedes decirle a tu hijo que se siente derecho a las horas de las comidas o tal vez que no se lleve a la mesa los juguetes o libros, pero mírate a ti críticamente y pregúntate ¡cuántas veces pones los codos sobre la mesa, inclinas la silla o lees el periódico durante una comida! Esto supone hacer un esfuerzo para establecer normas o guías que sean justas y comunicarlas adecuadamente a tu hijo, explicándole exactamente lo que se espera y, si es lo suficientemente mayor, por qué. En último lugar, aunque muy importante, trata siempre de ser coherente en tus expectativas: si un niño está siempre quebrantando una norma, lo más probable es que la norma sea inadecuada.

Una última cosa: la opinión de Maria Montessori sobre la recompensa y el castigo tiene un sentido en su filosofía de alimentar una autodisciplina adecuada en un niño. Creía que a los niños no se les debía premiar con regalos, aunque estuvieran haciendo lo correcto, porque ello les alentaría a seguir haciendo la actividad en función de la recompensa más que por el placer de la actividad en sí misma. Consideraba el castigo como un círculo vicioso: un niño que está constantemente siendo castigado se vuelve tan asustado de hacerlo mal que su cerebro se entontece y se confunde y, en consecuencia, lo hará mal de nuevo, lo cual lleva a más castigos...

Tu papel en el proceso de socialización

No seas *posesivo en exceso o* sobreprotector hacia tu hijo, porque ello obstaculiza su deseo innato de explorar y de descubrir por sí mismo. Un niño sobreprotegido está siempre ansioso en exceso y muestra menos originalidad que sus amigos.

No plantees *demandas excesivas* a los afectos de tu hijo: déjale que venga a ti cuando necesite afecto. Esto no significa que no debas mostrar cariño hacia él o que lo *rechaces* de algún modo. Si es así, él puede mostrar un deseo excesivo de aprobación o de afecto de otros adultos, tales como los profesores. Dado que puede carecer de confianza, se puede comportar de forma impasible y no desarrollar la capacidad de concentrarse bien.

No impongas la ley de forma autoritaria; esto podría hacer que tu hijo se volviera tímido o no asertivo, aunque presente la apariencia de ser obediente y educado. No es obediencia real: hace lo que es correcto porque sabe que es lo mejor; es una aquiescencia pasiva: hace lo que le dicen para evitar una escena. Se volverá inhibido de forma no natural o impulsado a lo opuesto: a rebelarse contra las constantes regañinas y volverse rebelde e ingobernable. No hay nada peor que decir a un niño que haga algo «porque yo lo digo». Esto lleva a un resentimiento justificado, y un niño despierto de cuatro a seis años aprenderá enseguida a replicar, creando un desafortunado círculo vicioso de confrontaciones entre tú y él.

No seas demasiado benevolente. El ser *excesivamente permisivo* da lugar a un niño que tiende a mostrar oscilaciones de humor desde la confianza hasta la falta de ella y que desarrolla poco o ningún autocontrol. Trata de ser democrático, implicando a tu hijo en la toma de decisiones y dándole libertad para expresar sus ideas, al tiempo que dejas bien claro hasta dónde estás dispuesto a llegar. Si le estimulas para que desarrolle habilidades críticas al tiempo que se mantiene un enfoque sensato de seguridad, descubrirás que está bien adaptado y contento.

Tu papel en el desarrollo de la capacidad intelectual de tu hijo

Una definición general de lo que se entiende por inteligencia es que es la capacidad de aprender nuevas habilidades y de ser capaz de utilizarlas para adaptarse al entorno y a la cultura en las que vive la gente. Puesto que diferentes culturas valoran diferentes habilidades, hay diferentes puntos de vista sobre la inteligencia. Además, se piensa que hay varios tipos de inteligencia. La capacidad de adquirir el conocimiento y aprender los hechos es uno, otro es la capacidad de resolver problemas y un tercer tipo es la capacidad para utilizar la información adquirida de una forma creativa.

La conciencia de estos diferentes aspectos de la inteligencia te ayudará a comprender lo que le sucede a tu hijo cuando descubres que, con tres años de edad, tiene más dificultades para mantener el lápiz y hacer un dibujo que su mejor amigo. Te puedes encontrar con que es más capaz con los números o que tiene un mejor sentido musical del ritmo a la misma edad. Todos los niños son diferentes y a todos se les debería dar la oportunidad de desarrollar sus diferentes capacidades intelectuales a su propio tiempo, sin presiones por parte de sus padres.

Montessori insistía en varias formas importantes en que los adultos ayudan a los niños a desarrollarse en todo su potencial intelectual, y que se pueden resumir del modo siguiente:

- Permite que tu hijo sea activo, dejándole aprender por medio de la exploración sensorial del mundo que le rodea.
- Reconoce los períodos sensibles (véase pág. 22) y permítele que repita una actividad hasta que la haya perfeccionado.
- Reconoce la importancia de la motivación y de cómo afecta al aprendizaje.

Un niño quiere aprender. No hace falta hacer nada para motivarle, como ofrecerle un caramelo si se aprende sus lecciones. Con el suficiente estímulo por tu parte, su motivación innata para aprender aparecerá. Si se le deja, un niño decidirá espontáneamente hacer algo que le interese. Por desgracia, algunos niños pierden esta motivación innata porque se ha frustrado su curiosidad natural. Los niños, así, tienen con frecuencia dificultades en ajustarse a la escuela. Aunque un buen profesor haga un esfuerzo para encontrar formas de volver a motivarlos, en ocasiones no puede hacerlo y se puede construir una resistencia a la escuela a largo plazo.

La implicación para ti, como padre o madre, es que, igual que con la disciplina, es mejor no intentarlo y no imponer tu voluntad sobre el niño. Puedes pensar que sabes lo que es mejor para que tu hijo juegue, pero ¿es realmente verdad? Tal vez tu hijo está ocupado en sacar los cacharros del armario de la cocina. Es posible que esté haciendo mucho ruido y puedes preguntarte por qué no quiere jugar con aquel juguete de construcción, tan caro, que le compraste. Te dices a ti mismo: ¿seguro que es más educativo? Pero si observas lo que está haciendo en el armario, en realidad puede estar metido en una gran cantidad de aprendizaje oculto. Puede estar apilando las cacerolas, por ejemplo, y esto supone clasificar, lo cual es un elemento importante en las primeras matemáticas, o puede estar colocando cosas en ellas y sacándolas para aprender sobre el volumen: otro elemento de las primeras matemáticas. Por supuesto, él no sabe que está haciendo esto, pero, si te tomas la molestia de sentarte con él y sugerirle nuevas formas de clasificar esas cacerolas o de colocarles las tapaderas correctas a cada una, probablemente ayudas a su desarrollo intelectual tanto como si le hubieras ayudado a hacer una torre con su Lego. Si le apartas del armario de las cacerolas cuando se está empleando realmente a fondo, casi con certeza habrá llantos y gritos y, en cierto modo, ¿le puedes echar la culpa por ello?

Estimular el aprendizaje independiente. Uno de los muchos beneficios del enfoque Montessori es que el niño se convierte en un aprendiz independiente. La forma de alentar esto es permitir a tu hijo que haga las actividades que más le gustan, animarle a que las termine y luego dejar que él descubra los errores por sí mismo. La tentación de los padres es interferir y decirle que ha cometido un error. Si puedes aprender a esperar, en la mayor parte de las ocasiones descubrirá por sí mismo cómo hacerlo correctamente. En el aula Montessori, los materiales didácticos contienen muchas veces lo que se denomina un «control de errores», lo que significa que hay algo en los materiales que le da al niño un indicio sobre la forma correcta de realizar la actividad.

Lo puedes hacer también en casa. Si quieres que tu hijo ponga la mesa correctamente, por ejemplo, asegúrate para empezar de que tiene el número exacto de cuchillos y tenedores, de modo que cuando haya terminado, si le falta algún cuchillo, sepa que debe de haberlos puesto dobles en algún sitio, y pueda volver y comprobar dónde ha ido a parar el cuchillo que le falta; no es necesario que le digas «¡Lo has hecho mal!». Se acostumbrará a hacer las cosas bien por sí solo y se convertirá en un aprendiz independiente.

Modelado. Reconoce que tu hijo adquirirá una gran parte de su aprendizaje a base de observar e imitar a los adultos y a otros niños, un tipo de aprendizaje conocido a veces como modelado.

Si eres consciente de este aspecto del aprendizaje, te ayudará a considerar cuidadosamente la forma en que te comportas delante de tu hijo. Por ejemplo, un niño que observa que alguno de sus padres es agresivo, puede pensar que esto es normal y que él también tiene derecho a ser agresivo. Por otro lado, si lo educa un padre o una madre que siempre es amable y apacible, es posible que copie esta conducta y que inconscientemente trate de imitarla. Ten esto en cuenta cuando enseñes a tu hijo a hacer algo nuevo; trata siempre de hacer las cosas muy despacio y con cuidado, para que pueda copiarte con facilidad y, a base de tratar de hacerlo él solo, con el tiempo aprenda una habilidad nueva.

Ayuda a tu hijo a aprender las cosas paso a paso. Cuando trabajaba con niños con necesidades especiales, Montessori observó que era más fácil para ellos aprender si les enseñaba una cosa cada vez, y se aseguraba de que había llevado a cabo esto en primer lugar, antes de dar el paso siguiente. Intentó este enfoque con niños normales y descubrió que con ellos también funcionaba. Puede parecer evidente cuando se expresa así, pero, cuando estás enseñándole a tu hijo alguna cosa nueva, asegúrate de que no vas demasiado deprisa y de que los «pasos» son lo suficientemente pequeños para que él los siga. Enséñale de esta forma y probablemente te encontrarás con resultados satisfactorios.

Ayuda a tu hijo a desarrollar la concentración. Si puedes ayudar a que tu hijo desarrolle la concentración en una etapa temprana, le estás dando una habilidad que permanecerá con él cuando vaya a la escuela. La forma en que Montessori recomienda que desarrolles su concentración es asegurándote siempre de que cualquier actividad que le das para que la haga es adecuada a su edad y capacidad. Los niños pierden el interés cuando las cosas son demasiado fáciles o demasiado difíciles.

Estimula una actitud positiva hacia el aprendizaje. Si tienes una actitud positiva hacia tu hijo cuando está tratando de aprender algo, se verá estimulado y, a su vez, él será también positivo.

Ayúdale a desarrollar habilidades de memoria. Se cree que hay varios tipos de memoria: algunos niños son capaces de aprender a base de memoria mecánica más fácilmente que otros; algunos parecen tener una buena memoria visual; otros parece que tienen una buena memoria auditiva, mientras que otros tienen una buena memoria para el movimiento. Montessori diseñó varios juegos para ayudar a la memoria visual y auditiva y algunos se incluyen en este libro. Proporcionarán a tu hijo prácticas en las habilidades concretas y, puesto que lo harán dentro del contexto de los juegos, disfrutarán especialmente de ello.

Estimula el desarrollo del lenguaje. Montessori escribió mucho sobre la importancia del desarrollo del lenguaje durante los seis primeros años de vida —mientras está en el período sensible—, y la investigación desde sus tiempos ha llamado la atención sobre la relación entre lenguaje y aprendizaje y entre lenguaje y pensamiento. Fue la pionera de una importante teoría que sostiene que el niño nace con una capacidad natural para el lenguaje y la comunicación porque nosotros, como seres humanos, poseemos unas estructuras innatas que nos permiten dar sentido a los sonidos y a las palabras que oímos.

No es difícil ver por qué has de ser consciente de la importancia del desarrollo del lenguaje y de su conexión con la inteligencia. Desde muy pronto —incluso antes de que se haya desarrollado el habla— el bebé fomenta la comunicación entre tú y él. Le gusta oír tu voz, observar tu rostro y centrar la mirada en tus ojos justo desde el momento del nacimiento, y responde a la sonrisa. A ti te corresponde hablar más, de manera que él sonría más, y así continúe el proceso.

Cuanto más te entregues a actividades de lenguaje con tu hijo, mejor. Hablarle, darle instrucciones, contarle cuentos, leerle y, desde luego, escucharle, todo ello es importante.

Como padre o como madre, se te pedirá que desempeñes muchos papeles en la vida de tu hijo. Primero, y ante todo, tienes que crear un entorno de cariño de modo que tu hijo crezca formando unas relaciones íntimas dentro del grupo familiar. Esto proporciona unos cimientos sólidos y le permite establecer unas relaciones significativas con otras personas fuera de la familia.

También le debes proporcionar la atención cotidiana para asegurar una vida sana y segura. Otro papel es ayudar a tu hijo a construir su personalidad única: tienes que ser lo suficientemente flexible para no imponerle tu propia personalidad y tu propia voluntad. Y otro más es alentar el desarrollo de la independencia, permitir la libertad dentro de unos límites claramente definidos y promover la buena autoimagen del niño y el sentimiento de seguridad.

También deberías crear un entorno estimulante que le facilite un aprendizaje precoz, el cual comienza desde el momento del nacimiento y se produce más fácilmente durante los primeros años, le ayuda a construir una vida interior rica y gratificante y, en último lugar, pero muy importante, le ayuda a asimilar su propia cultura y a desarrollar el respeto hacia otras culturas. El cuadro que figura a continuación te ayudará a seguir y regular todo este desarrollo.

Maria Montessori ponía un gran énfasis en la mente absorbente del niño: ella creía que los seis primeros años es realmente el período más vital en el desarrollo del niño. El papel de los padres, por lo tanto, no se tiene que subestimar.

EDADES Y ETAPAS

2 *ETAPA Y DESARROLLO*

Mente absorbente inconsciente: habilidades / crecimiento físico
• el equilibrio, el control físico y la movilidad aumentan considerablemente • sube y baja las escaleras trepando • observa todo lo que hay a la vista • aprende a correr y a saltar • empuja, levanta y tira de todos los objetos y juguetes del entorno • aprende a dar patadas, a echar y alcanzar una pelota • conciencia de sí mismo en relación con el espacio • las habilidades de la motricidad fina se desarrollan y cambian; ahora comienza a manipular pequeños objetos • se desarrolla la coordinación mano-ojo

Emocional y social
• desarrollo del sentido de sí mismo • comienza a desarrollar la idea de los roles sexuales, reforzado por las reacciones de los padres • miedo a los extraños y a la separación, con frecuencia muy marcado a esta edad

Intelectual
• las conexiones nerviosas en el cerebro alcanzan el punto culminante; aquellas que se utilizan para sobrevivir • aprendizaje a través de los sentidos; la vista y el oído mejoran considerablemente • observación aguda de pequeños objetos (período sensible) • tiende a atribuir vida a objetos inanimados y atributos humanos a los animales, p. ej., les habla como a seres humanos • se desarrollan las habilidades del pensamiento; el niño comienza a utilizar símbolos • la fantasía tiene un papel importante durante este período • memoria y atención; mejora sostenida en la memoria a corto y a largo plazo • habilidad para concentrarse durante períodos más largos

Lenguaje
• nombra objetos • obedece órdenes • comprende mucho

Palabras
• 200/300 en habla productiva

3 *ETAPA Y DESARROLLO*

Mente absorbente consciente: habilidades / crecimiento físico
• las habilidades físicas experimentan un progreso sostenido • camina y corre confiadamente • se vuelve atrevido físicamente, trepa por todas partes • habilidades de la motricidad fina; los dibujos comienzan a incluir formas reconocibles

Emocional y social
• el concepto de sí mismo se está formando aún, influido por las reacciones de los demás • se describe a sí mismo en términos físicos: color del cabello, etc. • comienza a hacer amigos; centrado en cosas de juegos compartidos • intensa conducta de apego en situaciones extrañas • deseo de independencia • la estabilidad emocional depende de la calidad de las relaciones con los adultos

Intelectual
• viva imaginación • los conceptos se hacen más complejos a medida que construye un cuadro del mundo • intenso deseo de investigar las cosas • incremento gradual de la memoria a corto plazo; puede recordar 3 dígitos • comienza a identificar acontecimientos en el pasado y en el futuro

Lenguaje
• rápido incremento en el lenguaje • plantea preguntas sin cesar

Palabras
• 1.000 en habla productiva

4 *ETAPA Y DESARROLLO*

Habilidades / crecimiento físico
• muy activo, le gusta la gimnasia, puede controlar sus movimientos y responde a las instrucciones de los adultos • comienza a subir y bajar las escaleras utilizando ambos pies alternativamente • desarrollo de las habilidades de la motricidad fina; dibuja lo que conoce, no lo que ve • es capaz de dibujar formas; la escritura comienza a tener más control

Emocional y social
• papel sexual; prefiere jugar con amigos del mismo sexo • la amistad desempeña un papel más importante e intenso; los niños distinguen entre lo que otros hacen y lo que ellos hacen y comienzan a tomar decisiones

sobre con quién jugar • las habilidades sociales y la confianza de los niños, ahora casi completamente desarrolladas, permiten a los padres llevarlos a la escuela o a las casas de otras personas sin problemas

Intelectual
• la comprensión de conceptos está cada vez más afectada por el uso de símbolos, de imágenes mentales y lenguajes; más consciente del amplio mundo a su alrededor, p. ej., la vecindad • las fantasías y los cuentos se deben controlar cuidadosamente • los cuentos basados en la realidad ayudan a los niños de esta edad a separar los hechos de la ficción

Lenguaje
• habla correcta gramaticalmente • cuenta hasta 20 • comienza a leer y a escribir

Palabras
• 1.500 en habla productiva

5 *ETAPA Y DESARROLLO*

Habilidades / crecimiento físico
• ha desarrollado la compostura y ya no está inquieto y en constante movimiento • disfruta con los juegos físicos y es importante el contenido social • disfruta de montar en bicicleta e ir en patines, que implican coordinación y habilidad • ahora hay un buen control de la motricidad fina; disfruta contando y dibujando y con juegos que implican habilidades de la motricidad fina; juguetes de construcción • se continúa refinando la escritura y el dibujo

Emocional y social
• papel sexual; la mayoría de los niños desarrollan puntos de vista estereotipados de las conductas aceptables de hombres y mujeres • la amistad se hace más estable; las personalidades y los intereses están implicados en la elección de amigos que hacen • se desarrolla la conciencia; los niños comprenden y siguen las reglas

Intelectual
• comprensión creciente de las relaciones en el mundo y a su alrededor • comienza a comprender procesos muy complejos tales como de dónde provienen los alimentos • desarrolla habilidad para la lectura, la escritura y los números • ayudado por la estructura y el enfoque multisensorial

Lenguaje
• habla fluida • lee y escribe

Palabras
• 2.000 en habla productiva

ORGANIZAR LA CASA EN TORNO A TU HIJO

INTRODUCCIÓN

Por lo que ya hemos comentado, sabemos que el enfoque de Montessori sobre las prácticas en la crianza del niño y la educación durante los seis primeros años de vida ponía un gran énfasis en tres ideas centrales:

- En primer lugar, y sobre todo, que debería haber el máximo posible de libertad física e intelectual para el niño.
- En segundo lugar, que el entorno en sí mismo y la forma en que está dispuesto tiene una profunda influencia en el desarrollo y en el aprendizaje.
- En tercer lugar, que la forma en que tratan al niño los adultos que le rodean, especialmente los padres, tiene un profundo efecto en su desarrollo.

El entorno del hogar

Un papel fundamental de los padres es preparar la casa para su hijo, de manera que estas ideas se puedan convertir en posibilidades prácticas. Para hacerlo así, en primer lugar, mira tu casa desde su perspectiva. Él, al fin y al cabo, forma parte de la familia y debería sentir que ocupa un lugar importante en ella. Hay seis principios básicos a tener en cuenta cuando organizas la casa en torno a tu hijo.

A la medida del niño. En el aula Montessori todo está a la medida del niño. Es así porque es como Montessori la denominó literalmente la «Casa dei Bambini» o la Casa de los Niños, y, aparte de los profesores, sólo los niños la utilizan. El hogar es diferente, desde luego, porque lo tiene que compartir toda la familia, pero es posible introducir mobiliario a la escala adecuada en las diversas habitaciones. El dormitorio del niño, por ejemplo, sólo lo utilizará él, por lo que esta habitación al menos se puede preparar con todo a su medida. Por supuesto, habrá también otras habitaciones en las que el niño, dependiendo de su edad, pueda participar y tener un lugar para sus propias cosas; los apartados que vienen a continuación presentan sugerencias concretas.

Contacto estrecho. Como hemos visto anteriormente, el niño comienza a aprender desde el momento en el que nace y, lo que es más, la mayor parte de lo que aprende sobre el mundo, su cultura, lenguaje y herencia, es a través de sus padres. Así pues, si es posible, trata de organizar tu vida de manera que tu hijo pueda pasar la mayor parte de su tiempo cerca de ti o de su madre sustituta: el padre, la niñera, los abuelos, la cuidadora. Incluso un bebé que no puede aún sentarse debería estar cerca de donde tiene lugar la acción, cerca de la madre durante las horas de vigilia, donde pueda observar, oír y aprender sobre los sucesos diarios de su casa.

Libertad dentro de unos límites. Un niño aprende estando activo, tocando cosas, saboreándolas, oliéndolas, escuchándolas y mirándolas atentamente. Cuando se le restringe en exceso, atado con correas o dentro de un parque, se están limitando sus horizontes. Aunque, evidentemente, se tiene que tener cuidado en garantizar su seguridad hasta que haya aprendido sobre los peligros de su entorno, los únicos otros límites a su libertad que se deberían considerar son aquellas actividades y conductas que la familia establece de común acuerdo que no son permisibles.

Si estableces una norma y luego sucede que constantemente se está quebrantando, observa a tu hijo y trata de comprender por qué no funciona: probablemente en esa norma, no en el niño, hay algo equivocado. Es posible que haya que cambiar o modificar la norma para que sea más apropiada a la edad del niño.

Implica a tu hijo en la vida familiar. Si un niño está siempre relegado a su propia «sala de juegos» o si se le dice que se vaya a hacer algo mientras tú acabas lo que estás haciendo, no podrá aprender tan rápidamente cómo funcionar dentro de un grupo y cómo controlar su propio entorno y hacerse independiente. Es por medio de observar, ayudar y participar en las actividades cotidianas, tales como hacer las camas, lavar la ropa, ir de compras, cocinar y comer como parte de la familia, como tu hijo aprende estas cosas fundamentales.

Atender a las necesidades de tu hijo. Prepara el entorno para atender las necesidades del niño, y esto debe incluir no sólo las necesidades físicas sino también las psíquicas. Como se ha mencionado anteriormente, el niño construye su personalidad única en interacción con el entorno y, para hacerlo de la mejor manera posible, se deben atender sus necesidades. Sus necesidades físicas se pueden identificar enseguida: alimento, vestido, cobijo y seguridad, además de espacio suficiente para moverse; pero tiene, igualmente, necesidades psíquicas, y éstas incluyen amor, aceptación social y respeto por él como ser humano.

Al proporcionarle estas cosas, le ayudas a desarrollar el respeto a sí mismo. Puesto que está en sus primeros seis años de vida, luchando por formar parte de su grupo cultural, necesita también aprender sobre su propia cultura e identificarse con ella.

La disciplina positiva. Es mucho mejor enseñar a tu hijo a hacer las cosas de la manera correcta que concentrarte en corregirle cuando las hace mal. Si es necesario, prepárate para mostrarle una y otra vez cómo hacer algo, hasta que estés seguro de que comprende lo que se le pide. Trata de ayudarle a desarrollar la autodisciplina, por medio del ejemplo, el estímulo y el razonamiento.

Teniendo en cuenta estos seis principios básicos, echemos una ojeada a cada habitación de la casa, con la mente puesta en sus necesidades.

EL DORMITORIO DE TU HIJO

De todas las habitaciones de la casa, ésta es la única que tu hijo puede realmente llamar suya. Aunque la comparta con un hermano, puede tener áreas que son exclusivamente suyas. Es aquí donde de verdad puedes poner en práctica los principios Montessori, porque todo puede ser a la medida del niño. Por otra parte, a menos que sepas con certeza que os vais a mudar de casa antes de que cumpla los seis años, tienes que anticiparte un poco, de manera que se ajuste a los cambios en tamaño y en gustos de tu hijo, ya que no vas a amueblar de nuevo totalmente su habitación cada dos años.

La cama

Montessori recomendaba que los bebés durmieran sobre un colchón en el suelo, de manera que se pudieran levantar con facilidad cuando terminara su sueño o su descanso. Aunque los bebés más modernos duermen en una cuna, cuando llega el momento de cambiarlos a una cama es muy buena idea ponerle una baja, de manera que el pequeño que está aprendiendo a dar sus primeros pasos pueda subir y bajar a la cama él solo con facilidad. También es menos probable que se dé golpes si se cae, cosa que les suele pasar al principio a los niños que han estado acostumbrados a dormir en una cuna.

Tanto una cama turca como un futón japonés serían adecuados. El futón es una buena idea si hay problemas de espacio, puesto que se puede plegar para dejarle en el suelo espacio para jugar.

También es una buena idea proporcionarle a tu hijo un edredón en vez de sábanas y mantas. Para él es mucho más fácil hacer la cama si tiene un edredón, y le puedes enseñar a hacerla desde muy pequeño.

Actividades de la vida diaria

Para alentar a tu hijo a que haga su propia cama, convierte en un juego el sacudir el edredón. Haz que se coloque en un lado de la cama y sitúate tú en el otro. Haz que sostenga las dos esquinas por el extremo, teniendo tú en tus manos las otras dos, y luego sacudid el edredón arriba y abajo de manera que forme ondas sobre la cama. Conforme se vaya haciendo mayor, le puedes convencer poco a poco de que extienda su cama él solo.

Dónde guardar la ropa

Los cajones y armarios deberían estar hechos a medida del niño, permitiéndole un fácil acceso para sacar cosas y, lo que es más importante, ¡para colocarlas de nuevo! Perchas resistentes con bordes romos detrás de la puerta, para colgar la ropa; colócalas de manera que sean de fácil acceso y a diferentes alturas, para que las ropas más largas no rocen con el suelo. También podrías poner una barra más baja en el armario, a la altura del niño, para colgar la ropa más corta.

Los cajones se deberían deslizar con facilidad, pero asegúrate de que tienen un tope de modo que no se salgan continuamente vaciando todo su contenido en el suelo. Si es posible, pon etiquetas con dibujos de los diferentes tipos de ropa que se guarda en cada uno, también con las palabras correspondientes. Tu hijo te dirá enseguida si un par de calcetines ha ido a parar al cajón de los jerséis.

Cuando hayas hecho la colada y la plancha, separa la ropa de tu hijo o tu hija de las demás y proponle que la ordene en montones sobre su cama. Puede clasificarlas, o bien por tipo de prenda (camisetas, calcetines, pantalones, faldas, camisas, etc.), o bien por colores que combinen o incluso por texturas o tipos de tejidos. Luego las puede colocar en los cajones o armarios que corresponda. Un niño más mayor podría intentar adivinar cuál de los montones tiene más piezas, luego contarlas y ver si lo ha adivinado. (Esto ayuda a pensar: después de todo, seis camisetas interiores parecen mucho menos que un montón de tres pijamas de invierno.)

Dónde almacenar los juguetes

Si tu hijo va a pasar mucho tiempo jugando en su habitación, es una buena idea colocar algunas estanterías bajas para sus juguetes, de manera que pueda alcanzarlos con facilidad y tratar de mantenerlos ordenados.

Ponle cajas para guardar objetos pequeños tales como piezas de construcción, animales, modelos de coches, etc. Puedes comprar cajas apilables de plástico especiales, de diferentes colores. Una vez más, una buena idea es etiquetarlas, con dibujos o con palabras, preferentemente con ambos. No es una buena idea una gran caja para los juguetes, porque incita al desorden, y tu hijo dejará pronto de cuidar de ellos, ya que están siempre revueltos y desordenados.

Asegúrate de que hay espacio para libros en las estanterías; incluso un bebé debería tener a su lado sencillos libros de dibujos. A algunas personas les gusta disponer los libros de dibujos de gran formato con la tapa hacia delante, en vez de con el lomo hacia fuera. Son más llamativos de esa manera y es más probable que tu hijo lo tome cuando se vea atraído por el dibujo de la cubierta.

Otros muebles

Si quieres que tu hijo dibuje o pinte o que lleve a cabo otras actividades manuales en su habitación, asegúrate de que tiene una mesa baja con un espacio razonable, además de algunas sillas bajas, de manera que pueda jugar con sus amigos. Si no tiene una superficie de PVC o de plástico, cúbrela con un tapete lavable de hule. También tendrás que pensar sobre el tipo de suelo; aunque el enmoquetado es más cálido, si va a jugar habitualmente en su habitación sería mejor colocar algo más lavable, como baldosas de corcho barnizado.

También es una buena idea dejar algún espacio en las paredes para exponer los dibujos y calendarios. Puedes colocar planchas de corcho de manera que se puedan sujetar con chinchetas a la pared y cambiarse de vez en cuando. O hacer un gran tablón de anuncios, cubierto de fieltro con un marco sencillo, y colgarlo de la pared, como un cuadro.

Actividades de la vida diaria

Cuando has estado trabajando con tu hijo en una actividad que produce desorden, ¿por qué no sugerirle que te ayude a ordenar? Después, una vez que se ha recogido todo, él puede utilizar un trapo para quitar el polvo de la mesa y, dependiendo de la superficie de que se trate, puede utilizar una fregona o un trapo para limpiar el suelo.

Decoración

Se trata de la habitación de tu hijo, de modo que sobre todo debería ser un lugar agradable y acogedor para él. La atmósfera tendría que ser atractiva y, cuando tu hijo ya sea lo suficientemente mayor, podría participar ayudando a elegir el mobiliario y la decoración. Los tonos pastel, claros, son adecuados, puesto que no es una buena idea sobreestimular a un niño con un empapelado que sea demasiado llamativo o recargado, y es sensato utilizar una pintura lavable y papel de vinilo. El proporcionarle una pizarra o simplemente pintar un área de la pared con pintura de pizarra (disponible en las tiendas de bricolaje) también permitiría la libre expresión al artista en ciernes o cuando comience a escribir.

La seguridad es siempre de una importancia vital. Es bueno para tu hijo que le sea posible mirar por la ventana sin riesgo; así pues, coloca topes de seguridad que le permitan abrir, pero no lo suficiente para que pueda salir. No coloques nunca rejas;

con los modernos equipos nunca sería necesario recurrir a sistemas tipo cárcel, no importa lo alto que vivas. Los enchufes eléctricos accesibles también deben tener sistemas de seguridad.

La sala de estar

La sala de estar la comparte toda la familia, por lo que es tal vez la habitación más adecuada para que se tenga en cuenta a todos. Normalmente a los padres les gusta mantener la sala ordenada para su propia tranquilidad y por si se presentara alguna visita inesperada, pero al mismo tiempo debe tener una atmósfera acogedora, cómoda y relajada. Muchas personas tratan de desterrar a los niños de ella, con el razonamiento de que, si los niños tienen su propia sala de juegos o su dormitorio, no hay necesidad de que enreden en la sala de estar de los adultos con sus juguetes.

Sin embargo, esto es totalmente contrario a la filosofía de Montessori. En su opinión, los niños tienen el mismo estatus dentro de la familia y no se les debería excluir de ninguna área del hogar. Insistía continuamente en que un niño aprende muchísimo simplemente estando con sus padres y observando lo que hacen.

Así, si es posible, prepárale un lugar en el cuarto de estar donde tu hijo pueda tener algunas de sus cosas, tal como libros y juguetes. La mejor solución podría ser un armario o aparador, donde se puedan guardar los juguetes al final del día. También podría tener su propia silla baja o un gran cojín donde sentarse, y una mesita baja sólida (que *no* tenga la tapa de cristal) tiene la altura ideal para que un niño trabaje sobre ella. De este modo, se le hará sentir que él también tiene un lugar en la sala de estar. Desde luego, tienes que alentarlo a que mantenga ordenado su rincón.

Actividades de la vida diaria

Permite a tu hijo que decida lo que quiere tener en su armario especial y coloca las cosas con él, de modo que todo esté a su alcance. Es difícil enseñar a un niño a ser ordenado si cada vez que quiere jugar con un determinado rompecabezas tiene que colocar antes el Lego en el suelo, porque el rompecabezas está detrás. Limita los juguetes que puede guardar ahí, y, si le vas a permitir que dibuje y coloree, evita los rotuladores, puesto que la tinta es muchas veces indeleble y podría manchar de forma permanente las alfombras o la tapicería. En vez de eso, dale lápices o ceras de colores.

Anima a tu hijo a que recoja todas las cosas antes de comenzar una actividad diferente. No puedes esperar que sea así siempre —es especialmente difícil cuando viene un amigo a jugar—, pero dale ánimos especialmente cuando lo haga de manera espontánea. Una forma de estimularlo a ordenar sus cosas es ordenar las tuyas al mismo tiempo y ver quién acaba antes.

Aparatos eléctricos

También puedes enseñarle muy pronto a respetar los muebles y las cosas que pertenecen a los adultos. Por ejemplo, es posible que no quieras que utilice el equipo de música o el vídeo, tan caros, hasta que haya aprendido a manejarlos adecuadamente. Sorprende lo rápidamente que los niños muy pequeños aprenden a utilizar los aparatos de vídeo; no necesitan saber por qué funcionan, simplemente la forma en que lo hacen... Probablemente hay que orientarlos las primeras veces, de manera que sepan de qué forma se insertan las cintas, y decirles que introducir los dedos en cualquier equipo eléctrico es peligroso, pero a los dos años y medio o tres la mayoría de los niños son totalmente hábiles en el uso de estos aparatos.

Con cualquier tipo de aparato eléctrico —lámparas, televisión, equipos de CD o cualquier otro—, los cables nunca deben arrastrar sobre el suelo, donde cualquiera, niño o adulto, puede tropezar. Los enchufes eléctricos no utilizados se deben proteger con mecanismos de seguridad si los niños utilizan mucho la habitación.

Actividades de la vida diaria (desde los dos años y medio)

Empieza con un sencillo aparato de casete. Déjale que tenga sus propias cintas para escuchar; hay excelentes canciones infantiles y cuentos en cintas en el mercado. Enséñale a colocarlas en el aparato y a sacarlas con cuidado. Dale una caja para cintas y señálala con etiquetas adhesivas de colores, de manera que pueda mantener las cintas en orden. Un niño más mayor puede aprender a almacenarlas por orden alfabético si le proporcionas un juego de separadores con letras.

Cuidar las cosas

Debes enseñar a tu hijo a no saltar sobre los sofás o los sillones. Probablemente tampoco quieres que coma sobre la alfombra de tu sala de estar. Pronto se hará a la idea de que comer es una actividad que se realiza en la cocina o en el comedor, como algo que no admite discusión. Los niños imitarán lo que haces. Si permites ocasionalmente que tome alguna bebida o pasteles en la sala de estar, tal vez cuando tomas un café o un té, podrías acercar su silla a la mesita de centro y dejarle también que tome algo. Si te preocupa la posibilidad de que se derrame algo, puedes proteger la alfombra y la tapicería pulverizándolas con un producto antimanchas.

Es posible que creas que has de colocar los adornos rompibles y los equipos valiosos fuera de su alcance, pero ni es necesario ni siempre es deseable. Tu hijo sentirá más curiosidad por lo que no se le permite tocar si se mantiene misteriosamente fuera de su alcance. Permítele que maneje las cosas con cuidado, utilizando ambas manos. Explícale que los adornos son cosas bonitas de mirar y enséñale que tú no las coges en todo momento, sino que las miras.

Es sólo una cuestión de tiempo el convencer a tu hijo de que utilice las cosas para la finalidad para la que se han hecho. El respeto se enseña con el ejemplo. Muéstrale siempre respeto a tu hijo y él aprenderá a respetarte a ti y a las cosas que le pidas que respete.

Actividades de la vida diaria

Para ayudar a tu hijo a cuidar los objetos de la sala de estar, déjale que ayude a limpiar el polvo y a sacar brillo. Dale su propio trapo del polvo y muéstrale cómo sacar las cosas de los estantes una a una y quitarles el polvo con cuidado, volviéndolas a colocar en el mismo lugar. Probablemente te parecerá que él es mucho más minucioso que tú, aunque bastante más lento. Ayúdale a percibir las diferentes texturas de los diversos adornos: cristal, cerámica, madera y demás, y déjale que hable sobre si son calientes o fríos y por qué cree que se perciben de ese modo.

- Si tiene su propio lugar para sentarse en la mesa de centro o en otra mesa, déjale que ayude también a sacar brillo. A los niños les encanta ver la diferencia entre lo opaco del área no abrillantada y una superficie nueva, suave y brillante. Probablemente te parezca que pasa mucho tiempo en un área pequeña; eso es excelente, porque significa que está mejorando su concentración.
- Si ha dejado caer algunas migajas sobre la alfombra, en vez de regañarle (recuerda que puede ser demasiado pequeño para comerse un trozo de pastel sin que se le caigan migajas), haz que lo limpie él mismo. Puede utilizar un cepillo y un recogedor, y aunque probablemente no lo maneje muy bien al principio, disfrutará con la práctica y lo hará muy bien tras unos cuantos intentos.

La cocina

Las cocinas domésticas normales están evidentemente diseñadas para uso de los adultos y es posible que tengas la tuya instalada desde mucho antes de que naciera tu primer hijo. Pero para muchas familias con niños pequeños, la cocina se convierte en una de las habitaciones más importantes de la casa, donde se suele congregar todo el mundo. Cuando tus hijos son pequeños, es especialmente importante que se les pueda acomodar allí, porque pasarás mucho tiempo preparando, comiendo y recogiendo después de las comidas, y tus hijos querrán estar cerca de ti mientras lo haces.

Las cocinas están también diseñadas para que resulten fáciles de limpiar: normalmente tienen superficies lavables. Muchas familias no tienen un área en la casa que se pueda dedicar enteramente a actividades de juego tales como arte y manualidades y, evidentemente, la cocina es el mejor lugar para las actividades «sucias».

Normalmente hay mucho espacio de almacenamiento, por lo que uno de los armarios de cocina se puede utilizar para guardar los materiales. Asegúrate de que están a su alcance, de manera que tu hijo pueda tomar y guardar cosas él solo.

Más importante incluso es permitir a los niños que participen en las actividades para las que la cocina se utiliza normalmente. Se pueden realizar algunos sencillos ajustes para permitir a tu hijo que comparta algunas de ellas. Hay muchas formas en las que se puede beneficiar de colaborar contigo en tus actividades cotidianas en la cocina y merece la pena el esfuerzo que supone organizarla. Preparar la comida y cocinarla, fregar los cacharros, ayudar a cargar el lavavajillas, la lavadora y la secadora, por ejemplo, puede suponer en sí mismo una educación total.

LA SEGURIDAD, LO PRIMERO

La mayoría de los accidentes se producen en el hogar y especialmente en la cocina; así pues, toma estas precauciones sensatas:

- Protege a tu hijo de quemaduras poniendo los mangos de los cazos hacia dentro. Puedes colocar barras de protección, pero pueden suponer más un estorbo que una ayuda.
- Asegúrate de que los mandos de las placas para cocinar están en la parte superior de los quemadores y no en el frente, de manera que no las puedan girar con demasiada facilidad dedos curiosos.
- Enseña a tus hijos, tan pronto como puedas, que los quemadores queman. Una placa cerámica no es lo mejor para una familia con

niños pequeños, porque permanece caliente incluso cuando no está conectada, y un niño puede no percibir la luz de advertencia.

- Asegúrate de que todos los utensilios eléctricos de cocina se guardan fuera del alcance de los niños pequeños y que sólo se utilizan con control.
- Coloca un cable enrollable a tu cazo eléctrico, de manera que el cable no caiga fuera de la encimera.
- No dejes nunca el cable de un cazo eléctrico conectado al enchufe y no al cazo; se sabe de niños muy pequeños que se lo han llevado a la boca y se han electrocutado.
- No dejes nunca a un niño solo en la cocina cuando tengas algo sobre el fuego. Si llaman a la puerta, llévate al niño contigo.
- Coloca todos los detergentes, blanqueadores, etc., que son peligrosos, en un armario que esté cerrado con llave o bien fuera de su alcance.

Actividades de la vida diaria

La cocina está llena de oportunidades para actividades de la vida diaria y experiencias de aprendizaje positivas. Intenta no desalentar la curiosidad de tu hijo: encuentra tiempo para dejarle que te ayude. Si tienes la tentación de mandarle que se vaya a ver la televisión porque estás ocupada cocinando algo complicado para ocho invitados que van a llegar dentro de media hora, ¡intenta resistirte a ello! Trata de encontrar una tarea adecuada al niño, algo que sabes que le va a absorber mientras sigues con lo que estás haciendo.

Fregar los cacharros

Asegúrate de que tiene un taburete que le ayuda a llegar al fregadero, enséñale a remangarse y colócale un delantal resistente al agua, y luego enséñale a llenar el cuenco con agua jabonosa, dale un estropajo o un cepillo y permítele fregar los cacharros.

Déjale que participe en esta actividad tan pronto como sea posible. Manejará los platos rompibles y los vasos con mayor cuidado si le dedicas el tiempo suficiente para enseñarle cómo se hace. Recuerda que incluso llevando a cabo una tarea tan modesta como fregar, aprende una gran cantidad de cosas. Las matemáticas, por ejemplo, mejorarán, porque está aprendiendo sobre el volumen, la forma y el tamaño, y puedes explicarle ideas tales como lleno, medio lleno, más, menos, demasiado, insuficiente, y así sucesivamente. Hay también implicados principios científicos en cómo el agua y el jabón afectan a las sustancias como la grasa.

Cargar el lavavajillas

Muéstrale cómo cargar el lavavajillas, si lo tienes. Aprenderá sobre la forma y las relaciones entre diferentes tamaños de platos, tazas y cubiertos. Déjale que te ayude también a vaciarlo, de modo que aprenda en qué lugar de la cocina se colocan las diversas cosas. Si la loza va en los armarios altos, enséñale a tomar su taburete y que él mismo coloque las cosas, unas pocas cada vez.

IDEAS PRÁCTICAS

- Proporciónale a tu hijo un taburete sobre el que subirse, que tenga la altura adecuada para el fregadero o la encimera.
- Coloca la vajilla que se utiliza con más frecuencia para las comidas familiares en un armario bajo, de manera que tu hijo pueda alcanzarla fácilmente.
- Utiliza para cocinar cucharas de madera, cuencos para preparar los alimentos y espátulas de plástico fuerte.
- Asegúrate de que tienes una jarra de medir transparente de tamaño adecuado y un peso claramente graduado para pesar los alimentos.
- Dale a tu hijo su propio delantal o bata resistente al agua y cuélgalo en una percha que él pueda alcanzar fácilmente. Pronto aprenderá a ponérselo como cosa normal. Si es de plástico lavable, se coloca por encima de la cabeza y preferentemente tiene mangas, proporciona la mejor protección.

Poner la mesa

Si los platos que hacen falta para poner la mesa se guardan en un armario bajo y los cubiertos en un cajón fácilmente accesible, cuando llega la hora de poner la mesa debería ser capaz de hacerlo él solo. Comenzando por las comidas familiares en la cocina, pronto podrás pasar a que ponga una mesa más formal para las comidas elegantes de fiesta en el comedor.

Poner la mesa es una buena forma de enseñar a tu hijo la diferencia entre la izquierda y la derecha, y también apelará a su sensibilidad al orden. Los niños disfrutan de forma positiva asegurándose de que los manteles, los cubiertos, la vajilla y los condimentos están correctamente colocados sobre la mesa. Puede no captarlo de inmediato, pero con la aprobación y el refuerzo a sus primeros esfuerzos, pronto descubrirás que siempre lo hace a la perfección, aunque sólo tenga tres años.

Cocinar

Como te dirán los buenos chefs, cocinar es tanto un arte como una ciencia; así pues, implica a tu hijo en ello todo lo que puedas: cocinar con un niño pequeño es una de las experiencias más gratificantes y educativas del hogar.

Es fácil encontrar alguna parte de una receta que la pueda realizar un niño de dos años, y los niños más mayores son capaces de cocinar ellos solos platos e incluso comidas sencillas desde el principio al fin. La simple medida de los ingredientes es un paso importante en la experiencia científica. Puede aprender la diferencia entre el peso (de los ingredientes secos) y el volumen (de los húmedos y secos si trabajas con recipientes de medir), y le puedes enseñar los diversos nombres de las unidades de medida, como gramos, kilos, litros y cuartos. Déjale que te mida los ingredientes: ponle la jarra de medir o el peso de cocina sobre la mesa al nivel de sus ojos, de manera que pueda ver exactamente las medidas.

Los niños de cinco y seis años pueden comenzar a calcular cuánto más de un ingrediente necesitarán añadir para alcanzar la cantidad correcta si tú colocas primero la mitad o un tercio de la cantidad. También puedes iniciarlos en la resta poniendo demasiado y pidiéndoles que quiten lo necesario para corregirlo. Si un niño más mayor desea cocinar utilizando una receta, dile que la lea detenidamente al principio y que siga las instrucciones cuidadosamente. Éste es un paso importante hacia el aprendizaje de cómo funcionan los experimentos científicos, que requieren una atención al detalle, paso a paso.

Asegúrate de que ha desarrollado las habilidades necesarias, tales como mezclar, batir o cortar, antes de dejarle que se embarque en el proyecto. Muéstrale todas las etapas implicadas y déjale que vea el producto acabado antes de comenzar (muchos libros de cocina contienen ilustraciones de los platos terminados de sus recetas). Aunque cualquier cosa que implique cuchillos y fuego necesita una supervisión continua, si lo haces lentamente, incluso los niños muy pequeños pueden aprender a manipular cuchillos sin riesgo y a tratar los hornos y las placas y los quemadores calientes con un gran respeto.

Proporciónale a tu hijo sus propios guantes de horno; si eres diestra con la aguja, hazle su propio par para que sea menos probable que se deslicen. Cuélgalos en un gancho cerca del fuego a su altura y asegúrate de que los vuelve a colgar en su lugar cada vez, de manera que siempre sepa dónde están.

Limpiar y lavar

No hay ninguna razón para que tu hijo no pueda ayudar a clasificar la ropa para la lavadora. Enséñale a distinguir entre los colores claros y los oscuros, que necesitan una temperatura de lavado más baja, los tejidos de lana y los delicados, y la ropa blanca más fuerte para lavar con agua caliente. Esto proporciona una buena oportunidad de aprender a identificar los colores por su nombre y a descubrir de dónde vienen los diferentes tejidos, si son artificiales o naturales, de animales o de plantas. Los niños más mayores también pueden aprender a interpretar los símbolos de las etiquetas de la ropa, de manera que sepan el tipo de lavado a utilizar.

Tanto si utilizas una secadora como si tiendes la colada en el exterior, hay una buena oportunidad de juegos de clasificar cuando la ropa está seca. Las sábanas, las fundas de almohada y las fundas de edredones se pueden plegar y colocar en diferentes cajones o armarios, y los calcetines se pueden clasificar por pares. Tu hijo de seis años podría incluso aprender a planchar prendas sencillas como camisetas, paños de cocina y fundas de almohada. Ajusta la tabla de planchar a su altura y mantente alerta para evitar quemaduras.

Desde muy pequeño, tu hijo también puede ayudar a limpiar, fregar, barrer el suelo y limpiar los pucheros y las sartenes. Siempre que lo impliques en actividades que sean apropiadas y dentro de sus capacidades y que tú tengas la actitud correcta (lo cual es positivo y agradable), todas las actividades que llevéis a cabo juntos serán satisfactorias para ambos y ayudarán a construir una buena relación entre vosotros.

EL CUARTO DE BAÑO

Ésta es otra habitación que tu hijo utilizará con frecuencia, y se le debería alentar a que fuera aquí lo más independiente posible. Para hacerlo, enséñale a abrir y cerrar los grifos, a utilizar los tapones de la bañera y el lavabo, y a abrir y cerrar la ducha.

Si te van a colocar una nueva ducha, el tipo «monobloque» es el mejor para que los niños lo puedan utilizar ellos solos; asegúrate de que está a su altura y enséñale cómo dirigir el mando de la temperatura de manera que no se queme cuando abra la ducha. Si tienes grifos separados de agua caliente y fría, enséñale a echar primero agua fría en la bañera o en el lavabo y después el agua caliente, para evitar quemarse. Si tienes un grifo monobloque, enséñale a ajustarlo a una temperatura agradable.

Un niño de menos de seis años probablemente no podrá alcanzar el lavabo, de manera que debería utilizar un taburete. Igual que el de la cocina, mantenlo en un armario bajo del cuarto de baño, de modo que pueda sacarlo por sí mismo cuando lo necesite y luego volver a colocarlo en su sitio cuando haya acabado con él.

Para que tu hijo pueda encontrar fácilmente sus propias toallas de baño y de tocador, el cepillo y la pasta de dientes, asegúrate de que tienes un toallero a baja altura, un estante bajo para el cepillo de dientes y el dentífrico y un espejo a baja altura para que se pueda mirar cuando lo necesite, de cuerpo entero. Si hay un espejo sobre la pared, trata de asegurarte de que llega hasta el nivel del lavabo, para que se pueda ver realmente cuando se está lavando los dientes.

Muéstrale lo más pronto posible cómo utilizar el picaporte y el pestillo. De esta forma no habrá peligro de que se quede encerrado; los niños sobreprotegidos, a los que nunca se les ha permitido utilizar un pestillo, son los que experimentan un día y se quedan encerrados en la habitación. En un aula Montessori, a los niños se les presentan diferentes tipos de cerraduras y llaves desde los dos años y medio o tres, pero, si te preocupa este nivel de independencia a esta edad, puedes solucionarlo colocando cerraduras que se puedan abrir desde el exterior en caso de emergencia.

LA SEGURIDAD, LO PRIMERO

- No guardes ningún producto químico peligroso ni medicinas en el mismo armario que el taburete de tu hijo.
- Asegúrate de que las medicinas están bajo llave en un armario especial para ellas, a prueba de niños.
- Enseña a tu hijo a que ponga primero agua fría en la bañera o en el lavabo y luego añada agua caliente, de modo que no se queme.
- Si hay una barra secadora de toallas en el cuarto de baño, busca alguna forma de protección y enséñale lo más pronto posible lo peligrosa que es cuando está muy caliente.
- Las guarderías Montessori disponen de inodoros de un tamaño adecuado para los niños, pero esto no es posible en la mayoría de los hogares. Si no puedes disponer de uno así, utiliza un asiento de niños sobre el inodoro y coloca al lado un taburete.
- Enséñale a que se lave las manos después de utilizar el inodoro lo más pronto posible; enséñale con el ejemplo.

Jugar con el agua

Jugar con el agua es muy importante para los niños pequeños y siempre disfrutan del momento del baño. Tal vez un armario debajo del lavabo podría contener un estante para los juguetes del baño o también puedes guardar un cesto para juguetes en algún lugar del cuarto de baño. Utiliza una bolsa de red de plástico para guardar los juguetes mojados y cuélgala de los grifos del baño de manera que los juguetes se sequen sobre la bañera y no sobre el suelo.

Dispón de muchos recipientes y jarros; los niños pueden pasar un valioso tiempo jugando a verter agua en el cuarto de baño, y esta experiencia de comprender las propiedades del agua no se puede infravalorar. También es una buena idea utilizar un producto para el baño suave y con burbujas, y tu hijo puede disfrutar experimentando con las burbujas. Señálale cómo los reflejos son diferentes en la superficie curva de las burbujas y cómo a veces se pueden ver sobre ellas los colores del arco iris.

Actividades de la vida diaria

Estimula a tu hijo para que ayude en todas las tareas de limpieza del cuarto de baño, tales como la bañera y el lavabo, a abrillantar los grifos, utilizar la escobilla en el inodoro, limpiar el suelo, plegar las toallas y secar las superficies. Todas estas actividades te llevarán más tiempo si tu hijo te ayuda, pero disfrutará por completo de todo ello, y también tú.

El vestíbulo y las escaleras

Muchos padres colocan verjas arriba o abajo de las escaleras para evitar accidentes. Montessori recomendaba que se intentara pasar sin ellas. En vez de eso, dedica un tiempo a mostrar a tu hijo cómo subir y bajar las escaleras él solo sin riesgo. Tu bebé puede querer trepar por las escaleras cuando aún gatea, por lo que tienes que estar vigilante si quieres evitar caídas, pero merece la pena perseverar. Es sorprendente lo rápidamente que un bebé o un niño que está dando sus primeros pasos aprende a subir, dar la vuelta y volver a bajar de espaldas, y muchos bebés desarrollan un alto grado de habilidad, subiendo y bajando a toda prisa y con bastante seguridad a la edad de doce a quince meses. Procura estar siempre con él hasta que sea más mayor.

Bajar las escaleras adecuadamente es un proyecto a más largo plazo, puesto que el niño que da sus primeros pasos tendrá que sentirse seguro sobre sus dos piernas, para empezar. Evidentemente, no va a aprender esta habilidad en muy poco tiempo; necesitará mucha práctica y tendrás que pasar tiempo con él mientras lo hace. Vale la pena tener en cuenta, sin embargo, que normalmente el niño sobreprotegido, al que no se le ha permitido desarrollar la habilidad de trepar, es el que más probablemente tenga un accidente. Si quieres darle algún apoyo al tiempo que alientas su independencia, coloca un segundo pasamanos, más bajo que el normal, a la altura del niño. Éste se puede quitar fácilmente cuando el niño crezca lo suficiente para agarrarse al de los adultos, pero estará ahí para ayudarle mientras sea pequeño.

Si los abrigos y otras ropas para salir se guardan en el vestíbulo, asegúrate de que hay una serie de perchas a la altura adecuada para que tu hijo y sus amigos cuelguen sus cosas. También es una buena idea tener un estante o armario cerca de la puerta para que aprendan a quitarse siempre las botas de goma o zapatos para el exterior y ponerse las zapatillas o chancletas antes de adentrarse en la casa. Si tienes una puerta trasera o una zona de servicio con puerta al exterior, es posible que prefieras colocar estas cosas cerca de ellas, para evitar que el barro se acumule en el vestíbulo.

¿Quién viene?

El vestíbulo es un buen lugar para identificar quién viene a la casa. Dale a tu hijo un cuaderno de notas para que anote con dibujos y palabras (escritas por ti si él es demasiado pequeño para escribirlas) todo el que viene en una semana determinada. Podría incluir a los que acuden regularmente, como el cartero o el lechero, la niñera, si la hay, o sus amigos, abuelos, tus amigos y familiares adultos o los vendedores o vendedoras ocasionales.

Actividades de la vida diaria

Podrían incluir actividades tales como limpiar las escaleras con un cepillo y un recogedor, abrillantar los pasamanos y los antepechos de las ventanas y los rodapiés.

JUEGOS Y ACTIVIDADES

El valor de los juegos

Hay muchas razones por las que es una buena idea que juegues con tu hijo, pero tal vez la más importante es que ello implica su participación activa contigo, el padre o la madre, y te ayudará a construir una relación sólida y gratificante con el niño. Otra buena razón es que a los niños les gustan los juegos, y los que elegimos aquí son apropiados para su edad y desarrollo, por lo que atraerán y mantendrán su atención. Los juegos son también excelentes para ayudar al niño a desarrollarse intelectualmente: aprende una gran cantidad de cosas nuevas y estimulan las habilidades de solución de problemas y de memoria.

Los juegos permiten también el desarrollo social, porque normalmente suponen ir por turno, cooperar con los otros y manejar distintas situaciones. Por último, los juegos ayudan a desarrollar habilidades físicas tales como la destreza y la coordinación manuales.

La utilización de los juegos de este libro

Los juegos y las actividades de este libro se han elegido porque los podéis practicar tu hijo y tú, o niños en grupo, en parejas o ellos solos. La mayoría se pueden jugar en el interior y en el exterior, y se han descrito en las secciones adecuadas de este libro de manera que puedan practicarse conjuntamente con las otras experiencias de aprendizaje y las actividades que se sugieren en ellas.

Los juegos están agrupados por edades, aunque no de forma rígida, puesto que el desarrollo es un proceso muy individual. Tú eres la persona que está en mejor posición para decidir si tu hijo está preparado para jugar a algo que indicamos aquí para niños mayores y si tiene capacidad para ello.

Los juegos y actividades que se han sugerido para el niño más pequeño son muy sencillos, y se construirán sobre el conocimiento que es posible que haya adquirido. También le ayudarán a desarrollar las habilidades básicas necesarias para practicar ciertos juegos con otros, por ejemplo, la idea de actuar por turnos y hacer jugadas sencillas. A medida que se desarrollan las actividades del lenguaje, se han incluido ideas más complejas.

Los juegos con palabras son excelentes para una diversidad de ocasiones. Por ejemplo, no sólo se pueden jugar en casa, sino también en las salas de espera, en viajes en coche y en cualquier parte. Se han presentado aquí algunos juegos y se han indicado los niveles de edad adecuados.

Los juegos de ordenador se están haciendo más y más populares, y hay algunos que se han diseñado para dar a los niños práctica con las cuentas y la ortografía.

Finalmente, los juegos pueden ayudar a los padres a identificar y resolver problemas que se pueden haber presentado. Una buena actitud por parte de los padres es observar a su hijo durante un tiempo y percibir qué es lo que le hace más feliz; luego tratar de proporcionarle esta actividad regularmente y tal vez desarrollar un juego en torno a ella que implique las habilidades que has percibido que necesitan desarrollar.

Para una mayor facilidad de uso y para que la finalidad esté clara desde el primer momento, he agrupado las actividades que siguen por temas, que van desde las más sencillas hasta las más complejas. No podemos permitir que esto oculte el hecho más importante de que todas ellas son, sobre todo, divertidas. ¡Prueba a jugar con algunas, y a disfrutar!

Las etapas de juego y la elección del juego adecuado

Cada niño es un individuo que tiene una personalidad diferente, que experimenta un mundo diferente a su alrededor que es único para él. Incluso si dos niños de la misma edad viven en la misma vecindad, pueden tener experiencias enormemente dispares. Pueden ser el pequeño de tres, el mayor o el de en medio. Pueden vivir en una familia monoparental o en una familia extensa. La madre puede estar todo el día en casa o sólo unas pocas horas. Además, estos dos niños pueden estar en diferentes etapas del desarrollo, aunque tengan exactamente la misma edad cronológica. Así pues, es importante comprender que los juegos que se sugieren para un grupo de edad determinado no son arbitrarios. Recordemos que la filosofía de Montessori es: *observa a tu hijo y atiende a sus necesidades individuales.*

JUEGOS Y ACTIVIDADES

JUEGOS DE LENGUAJE Y LECTURA

Edad		*Pág.*
2 a 6	El juego del silencio	75
3 a 4	El juego de los objetos	76
4 a 5	Rellenar figuras/Letras de papel de lija/Alfabeto móvil	77-81
5 a 6	Palabras por la casa	81

JUEGOS DE DESARROLLO SENSORIAL

Edad		*Pág.*
2 a 3	El juego de la bolsa misteriosa	82
3 a 4	Bingo «clasificar por el sonido»	83
4 a 5	Senso	83
5 a 6	Memos	85

JUEGOS DE MATEMÁTICAS

Edad		*Pág.*
2 a 3	Ordenar botones	86
3 a 4	Figuras planas	87

4 a 5 Robar 88
5 a 6 Juego numérico de cubos 90

JUEGOS Y ACTIVIDADES DE CIENCIAS Y NATURALEZA

Edad *Pág.*

2 a 3 Cocinar 91
3 a 4 Juego de flotar y hundirse 92
4 a 5 Las partes del cuerpo 93
5 a 6 El juego de los grupos de alimentos 93

JUEGOS Y ACTIVIDADES DE HISTORIA

Edad *Pág.*

2 a 3 Cuentos y poesías sobre el tiempo 94
3 a 4 Calendario del día de tu hijo 95
4 a 5 Calendario de la vida de tu hijo 96
5 a 6 Calendario de los hogares a través de los tiempos 97

JUEGOS DE GEOGRAFÍA

Edad *Pág.*

2 a 3 La abuela Hubbard 98
3 a 4 El plano de la casa 99
4 a 5 ¿Dónde vivo? 100
5 a 6 Experimentos con agua en la cocina 101

ACTIVIDADES DE ARTE Y MANUALIDADES

Edad *Pág.*

2 a 3 Imprimir las manos y los pies 102
3 a 4 Rasgar y cortar 103
4 a 5 Collage 103
5 a 6 Coser 104

JUEGOS DE LENGUAJE Y LECTURA

El juego del silencio (edad de 2 a 6 años)

Éste es un juego al que se puede jugar en cualquier parte, dentro o fuera de casa. Maria Montessori lo desarrolló cuando estaba trabajando con niños parcialmente sordos. Ella se ponía de pie al final del aula, pronunciaba en voz baja el nombre de cada niño y, cuando el niño oía su nombre, venía hacia ella en silencio. Como tenían un oído deficiente, tenían que escuchar con mucha atención y su respuesta era también muy calmada.

En otra ocasión fue a visitar un aula de niños normales, todos de menos de cinco años. En su camino, encontró a una madre que llevaba un bebé, tomó al bebé y entró en el aula. Cuando los niños fueron a ver al bebé ella dijo: «Mirad lo callado que está el bebé. ¿Sois capaces de estar así de callados?». Para su sorpresa, los niños se quedaron en silencio. Ella percibió lo mucho que disfrutaban de esto y jugó con ellos al *Juego del silencio,* utilizando la misma técnica que había utilizado con los niños sordos. Cada vez que jugaba a este juego, se daba cuenta de lo mucho que los niños disfrutaban y lo descansados que parecían después. Desde ese momento, el *Juego del silencio* siempre se ha practicado en las aulas Montessori.

Cómo ayuda a tu hijo

El claro disfrute que los niños obtienen de él lo convierte en un juego que merece la pena practicar en casa. También es bueno para la conciencia auditiva de tu hijo, puesto que le ayuda a estar más sintonizado con los diferentes sonidos que le rodean y así desarrolla un control. Si lo juegan varios miembros de la familia, puede crear una sensación de unidad y de estar juntos. Montessori creía también que ayudaba a desarrollar la conciencia espiritual.

Cómo se juega

Pide a tu hijo que se siente y vea si puede estar realmente en silencio. Nunca se lo impongas; se tiene que hacer de mutuo acuerdo. Explícale que oír con claridad es más fácil si permanece totalmente callado. Al principio pregúntale qué sonidos percibe. Dependiendo de en qué habitación estás, puede ser el sonido de los coches, de aviones que pasan por fuera, el sonido del tiempo climático —el viento o la lluvia— o el canto de los pájaros en el jardín, o incluso los ruidos de la lavadora o el lavavajillas.

Mantén el silencio durante un minuto o más y después, con un susurro, pregúntale lo que ha oído. Habla sobre el sonido. ¿Es fuerte o suave? ¿Es agradable de escuchar o es demasiado ruidoso? Éste es un juego que se puede jugar en cualquier momento del día o en cualquier lugar, con cualquier cantidad de participantes. A los niños siempre les gusta y aprenden de él.

El juego de los objetos (edad de 3 a 4 años)

Cómo ayuda a tu hijo

Éste es un juego que se debería jugar durante el tiempo en que tu hijo está aprendiendo el sonido de las letras. Le ayuda a identificar y analizar diferentes sonidos.

Qué necesitas

Un grupo de pequeños objetos que comiencen todos con la misma letra: un pájaro, una pelota, un perro, una pala. Un segundo grupo de objetos comienza con otra letra, como botón, bobina, bolígrafo, bicicleta.

Cómo se juega

1. Deja el primer grupo de objetos sobre una mesa.
2. Señálalos, cada vez uno, di la palabra y asegúrate de que tu hijo oye bien la «p» al principio de cada palabra.
3. Luego añade unos pocos objetos más, pero esta vez elige

el segundo grupo, los que comienzan con la letra «b», y asegúrate de que oye el sonido.

4. Toma una de las cosas que comienzan por «p» y di: «Veo, veo, otra cosita que empieza por la letrita "p"».

5. Pide a tu hijo que elija una de las otras cosas que empiezan por «p», mostrando que él puede oír el sonido en una palabra. Si se equivoca, una buena forma de manejar el error es pronunciar la palabra con el sonido incorrecto, por ejemplo, «¿Es esto una b-belota?». Esto le dará la oportunidad de corregir su propio error en vez de decirle que se ha equivocado.

VARIANTE 1

Coloca sólo dos cosas sobre la mesa, por ejemplo, una pelota y un bolígrafo. Luego di: «Voy a tomar la cosa que empieza por "b". ¿Cuál es?». Tu hijo tendrá entonces que señalar el objeto y decir la palabra.

VARIANTE 2

Elige objetos que sean palabras de tres letras, como col, pez, pan, sol, etc. Di las palabras, destacando cada letra individual, p-a-n, p-e-z, y así sucesivamente. Luego juega a otra versión del «Veo, veo» diciendo: «Veo, veo algo con un sonido de "n" al final». Entonces tu hijo tomará el pan.

Rellenar figuras (edad de 4 a 5 años)

Cómo ayuda a tu hijo

Le proporciona una preparación indirecta para la escritura, porque tu hijo aprende a utilizar y controlar el lápiz, trazando líneas rectas y curvas similares a los trazos que tendrá que dibujar cuando vaya a escribir las letras.

Qué necesitas

Figuras geométricas (cuadrado, esfera, etc.).
Lápices de colores.

Pequeños cuadrados de papel.

Esta actividad está disponible en el comercio con las figuras hechas en un material metálico. Sin embargo, las puedes hacer tú, recortándolas en cartulina.

Cómo se juega

1. Pídele a tu hijo que tome una figura, tal como el triángulo.
2. Enséñale a colocarla con cuidado sobre un cuadrado de papel y a dibujar el contorno del triángulo.
3. Retira la figura geométrica y tendrá un triángulo dibujado. Muéstrale cómo rellenar el espacio interior del triángulo utilizando un lápiz de un color diferente. Las líneas se tienen que controlar, líneas rectas (véase la ilustración en la página siguiente), no garabatos. Con el tiempo puede elegir diferentes formas y combinarlas para hacer diversos modelos y diseños. Es importante saber que esto no es un ejercicio de colorear; es el dibujo controlado, que le ayuda a desarrollar el control del lápiz.

Letras de papel de lija (edad de 4 a 5 años)

Cómo ayuda a tu hijo

Esta actividad se debería hacer simultáneamente con la actividad anteriormente descrita de rellenar figuras y, como aquélla, proporciona una preparación indirecta para la escritura porque el niño percibe las formas de las letras que con el tiempo habrá de escribir. Es también una preparación indirecta para la lectura, porque le estás enseñando los sonidos reales de las letras. Cuando las conozca, podrá pronunciar palabras sencillas, tales como casa, mamá, bola, perro, etcétera.

Qué necesitas

Un conjunto de letras del alfabeto, hechas en papel de lija. Estas letras se pueden conseguir en el comercio. También las puedes hacer tú mismo cortándolas en papel de lija y montándolas sobre una cartulina dura. Utiliza letras minúsculas.

Cómo se juega

Te resultará fácil enseñar los sonidos de las letras si utilizas el mismo enfoque que los profesores Montessori. La lección se da en tres etapas y se denomina «Lección de tres períodos».

Elige dos letras que sean diferentes de forma y sonido, como «c» y «m».

1. *La primera etapa.* Coloca una de las letras delante de tu hijo y dile: «Esto es una "c"». Pídele que siga la letra con el dedo índice y, mientras lo hace, repite otra vez el sonido «c».

Retira la letra «c», coloca la otra figura delante de él y dile: «Esto es una "m"». Repite el procedimiento.

2. *La segunda etapa.* A continuación, coloca ambas letras delante de él y dile: «Por favor, dime ¿cuál es la "c"?»; y luego: «¿Cuál es la "m"?».

3. *La tercera etapa.* Si lo hace bien, señala luego la «m» y dile: «¿Qué es esto?», y luego plantéale la misma pregunta señalando la «c». El niño tendría que ser capaz de decírtelo.

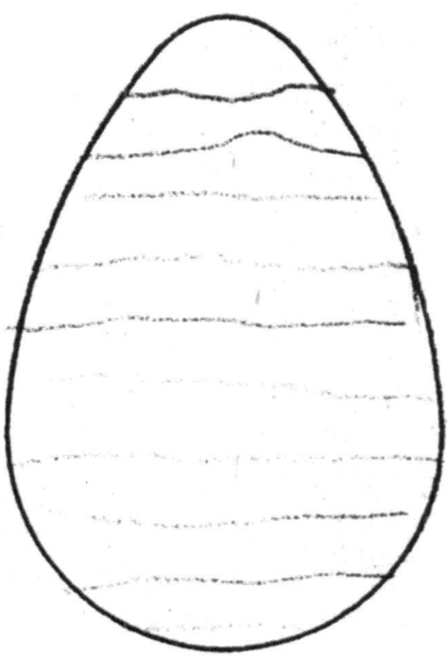

Continúa el juego mencionando algunas palabras que empiecen por la «m», como «mamá», y algunas que comiencen con la «c», como «coche». Durante unos días, enseña a tu hijo diferentes letras.

Trata siempre de hacer de ésta una experiencia divertida; así pues, no trates nunca de obligar a tu hijo a participar. Si le has enseñado cuando está preparado, las aprenderá con mucha rapidez, en realidad en unas pocas semanas.

Alfabeto móvil (edad de 4 a 5 años)

Cómo ayuda a tu hijo

Este juego le ayudará en la práctica de escuchar los sonidos en las palabras, y es una preparación para la lectura. La idea es construir una palabra que comience con los sonidos y luego, juntando rápidamente los sonidos, decir la palabra. Tu hijo se dará cuenta enseguida de que puede leer pronunciando las letras.

Qué necesitas

Cinco juegos de alfabeto móvil.

Una caja con pequeños objetos como un gato, un perro de juguete, etcétera.

Prepara tú mismo este juego recortando letras en cartulina y recogiendo objetos de una casa de muñecas infantil. Otros objetos podrían ser un lápiz, una caja, una taza; cualquier cosa pequeña que tenga una palabra sencilla de dos sílabas.

Cómo se juega

1. Pide a tu hijo que elija uno de los objetos. Podría elegir el gato. Pregúntale cuántos sonidos puede oír en «gato». Probablemente dirá «g»; así, pídele que busque la «g» entre las letras.
2. Pregúntale luego qué sonido viene después en la palabra «gato». Cuando diga «a», pídele que la busque.
3. Finalmente, pregúntale si hay otros sonidos en «gato» y esperemos que diga «t». Entonces pídele que encuentre la «t», etc. A continuación construyes la palabra y se la lees.

Después de mucha práctica con palabras sencillas, un día reconocerá la palabra que ha construido; ¡ya sabe leer!

La siguiente etapa en el proceso de lectura es darle más práctica en la lectura de palabras. En un colegio Montessori esto se hace con una serie de ejercicios que utilizan dibujos y tarjetas. Existe en el comercio un programa de lectura para aquellos que deseen seguirlo en casa. Aunque no continúes con este enfoque gradual de la lectura, sigue disfrutando leyéndole cuentos y dejándole que lea las palabras que reconozca ocasionalmente. En un corto período de tiempo leerá más y más palabras y, partiendo del sentido, también sabrá leer otras palabras más complejas.

Palabras por la casa (edad de 5 a 6 años)

Cómo ayuda a tu hijo

Este juego le ayuda a ampliar su vocabulario.

Qué necesitas

Una serie de pequeñas tarjetas blancas con una palabra en cada una. Las palabras deben ser objetos que se encuentran por toda la casa, como mesa, silla, puerta, y así sucesivamente. Puedes hacer un juego de tarjetas para cada habitación.

Cómo se juega

1. Lee las palabras con tu hijo.
2. Pídele que vaya y coloque las tarjetas sobre los objetos que describen.
3. Puedes variar el juego y hacerlo más divertido colocando las tarjetas hacia abajo, de manera que no las pueda ver. Entonces tú miras una y describes el objeto, diciéndole que adivine lo que está escrito en la tarjeta.
4. Otra variante es pedirle que coloque las tarjetas en el *Plano de la casa* descrito en la página 99. Éste es un juego al que puede jugar solo.

JUEGOS DE DESARROLLO SENSORIAL

El juego de la bolsa misteriosa (edad de 2 a 3 años)

Cómo ayuda a tu hijo

Este juego le proporciona práctica en la identificación y designación de objetos sólo a través del sentido del tacto.

Qué necesitas

Dos bolsas idénticas, cada una de ellas con un cordón para cerrar la parte de arriba y dos series de pequeños objetos geométricos, como un cubo, una esfera, un cono, un cilindro, una pirámide y un prisma. En cada una de las bolsas se pone una serie de objetos.

Cómo se juega

1. Haz que tu hijo sostenga una bolsa y tú la otra.
2. Introduce la mano dentro de tu bolsa y selecciona uno de los objetos, digamos el cubo, sácalo y muéstraselo.
3. Pídele que meta las manos dentro de su bolsa y trate de encontrar la misma figura, utilizando sólo su sentido del tacto. No se le permite que mire dentro de la bolsa.
4. Continúa con el juego de esta forma hasta que no quede ningún objeto en tu bolsa.

VARIANTE

Aunque este juego Montessori está especialmente diseñado para ayudar a los niños a aprender las figuras geométricas, puedes jugar a una versión más sencilla utilizando objetos pequeños con diferentes formas y texturas, como bolas de madera, un aro, una tiza, una bobina de hilo, una pelota de tenis o de pimpón, una pieza de Lego, un coche de juguete, etc. Observa si tu hijo los puede identificar de la misma manera.

Bingo «clasificar por el sonido» (edad de 3 a 4 años)

Cómo ayuda a tu hijo

Este juego desarrolla las habilidades de memoria y de escuchar. Lo pueden jugar uno de los padres con el niño, o bien un grupo de niños.

Qué necesitas

Dos o más tarjetas de bingo con seis dibujos diferentes en cada una, ilustrando cosas que producen sonidos diferentes (por ejemplo, un cerdo, una vaca, un avión, una aspiradora, un pájaro, un coche). Puedes prepararlas pegando fotografías de revistas sobre una tarjeta que has dividido en cuadrados.

Un grupo de tarjetas aparte, mostrando en cada una de ellas los objetos que contienen las tarjetas de bingo.

Cómo se juega

Para 2 a 6 jugadores.

1. Mantén una tarjeta de bingo y dale las otras a tu hijo o hijos. Coloca la serie de tarjetas individuales hacia abajo sobre la mesa.
2. Comienza el juego tomando una tarjeta, volviéndola y haciendo el sonido de la cosa que muestra el dibujo.
3. Pídele a tu hijo que adivine lo que es. Si acierta y si lo tiene en su tarjeta de bingo, toma el dibujo y lo coloca sobre la tarjeta de bingo o señala el cuadrado.
4. Luego toma una tarjeta del montón individual y hace el sonido adecuado para que tú lo adivines. Si no lo tienes en tu tarjeta de bingo, devuelves la tarjeta al final del montón.

Senso (edad de 4 a 5 años)

Cómo ayuda a tu hijo

Este juego estimula el desarrollo perceptivo a base de darle a tu hijo experiencias sensoriales de textura y forma.

Qué necesitas

Cuatro tableros de juego, cada uno de ellos con nueve figuras y texturas diferentes pegadas sobre ellos. Cada tablero debe tener un color como código.

36 tarjetas individuales separadas, una para cada una de las figuras pegadas sobre los tableros de juego, con el código de color del tablero adecuado.

Este juego se puede conseguir comercialmente. Para hacerlo en casa, corta dos copias de cada una de las figuras apropiadas (véase ilustración) en papel de lija. Monta una serie de nueve figuras en cada uno de los cuatro cuadrados grandes de los tableros para construir los tableros de juego. Monta la segunda serie de figuras sobre las tarjetas individuales.

Cómo se juega

Para 4 jugadores.

1. Cada jugador elige un tablero, y los correspondientes cuadrados para el tablero se colocan en frente de él.
2. A cada jugador se le pide que perciba la figura de un cuadrado y luego que encuentre la figura correspondiente en el tablero de juego. Para que el niño no seleccione por la vista, se coloca el tablero de juego boca abajo y se le pide que lo levante y perciba la figura por debajo.

VARIANTE

Pide a los jugadores que encuentren una determinada figura, tamaño o número de figuras en sus tableros; por ejemplo, tres círculos o un cuadrado grande.

Memos (edad de 5 a 6 años)

Cómo ayuda a tu hijo

Este juego ayuda a desarrollar las habilidades motrices y de memoria.

Qué necesitas

Un tablero de juego con 48 agujeros cubiertos por discos. El tablero debe tener una ranura en la mitad, de manera que se pueda introducir una tarjeta de «instrucciones» (véase la fotografía de la página anterior).

8 tarjetas de «instrucciones» conteniendo cada una de ellas dos series de temas diferentes: formas geométricas, juguetes, combinaciones de colores, instrumentos musicales, esquemas, vehículos de transporte, números y animales, etc. Las tarjetas deben tener un nivel de dificultad creciente; algunas pueden ser adecuadas para un niño más pequeño y otras para niños de seis años y más.

Cómo se juega

Para 2 jugadores o más.

1. Selecciona una tarjeta de instrucciones e insértala en la ranura.
2. Cada jugador juega a su turno y levanta dos discos que muestran el dibujo que hay debajo.
3. Si los dos dibujos no se corresponden, se vuelven a colocar los discos y los jugadores tratan de recordar la localización de los dibujos.
4. Si los dibujos se emparejan, el jugador se puede quedar con los discos.

El objetivo del juego es emparejar los dibujos y así coleccionar el mayor número de discos.

JUEGOS DE MATEMÁTICAS

Ordenar botones (edad de 2 a 3 años)

Cómo ayuda a tu hijo

Este juego le proporciona la experiencia de clasificar en grupos, una buena preparación para las matemáticas.

Qué necesitas

Coloca 3 o 4 platos o fuentes en una bandeja, con un plato más grande en el centro.

Dispón de 3 o 4 grupos de botones, cada grupo de un color y tamaño diferentes. (Coloca todos los grupos de botones en el plato más grande.)

Cómo se juega

1. Tu hijo puede practicar este juego él solo. Dile que cierre los ojos o ponle un antifaz. (Algunos niños encuentran molesto el antifaz; así pues, asegúrate de que utilizas algo suave, como un pañuelo de seda, y no se lo ates demasiado fuerte.)
2. Muéstrale a tu hijo cómo percibir los botones y clasificarlos por tamaños en los diferentes platos, hasta que los haya utilizado todos.
3. Déjale que se quite el antifaz o que abra los ojos: el color de los botones indicará si los ha clasificado correctamente o no.

Figuras planas (edad de 3 a 4 años)

Cómo ayuda a tu hijo

Este juego le proporciona a tu hijo experiencia en clasificar diferentes figuras geométricas por el tacto y la vista. Le prepara para la geometría posterior.

Qué necesitas

3 juegos de figuras geométricas, uno con los lados rectos (cuadrado, rectángulo, triángulo), uno con lados curvos (círculo, óvalo) y uno con una combinación de lados curvos y rectos (semicírculo, etc.). Cada juego debería ser blanco por un lado y de un color diferente por el otro; por ejemplo, verde para un juego, naranja para el segundo y negro para el tercero.

3 juegos de tarjetas ilustrando todas las figuras descritas arriba, una delineada en un color sólido, las segunda con líneas gruesas y la tercera con líneas finas.

Cómo se juega

1. Toma las series de figuras geométricas y extiéndelas, con la cara blanca hacia arriba.

2. Pídele a tu hijo que las palpe por sus lados y las clasifique en los tres grupos.

3. Cuando lo haya hecho, da la vuelta a las tarjetas, y si los colores son los mismos, verde, naranja y negro, es que las formas geométricas se han clasificado correctamente.

VARIANTE

Toma el primer conjunto de tarjetas con las figuras geométricas dibujadas y las clasifica de acuerdo con sus atributos: lados rectos, lados curvos y lados rectos y curvos. Para comprobar si las tarjetas se han clasificado correctamente, tu hijo compara las figuras geométricas y los colores con las formas dibujadas en las tarjetas. El mismo juego se puede repetir luego con el segundo y el tercer conjunto de tarjetas.

Robar (edad de 4 a 5 años)

Cómo ayuda a tu hijo

Este juego le proporciona a tu hijo práctica en sumas y restas sencillas.

Qué necesitas

Un tablero de juego que tenga dos filas de once círculos en los que se puedan acoplar los discos.

11 discos numerados del 0 al 10.

Un dado de 12 caras.

Este juego se puede obtener comercialmente. Para hacerlo en casa, crea un gran tablero de juego de cartón duro (véase la fotografía en la página siguiente). Utiliza discos de plástico o corta pequeños discos de cartón duro, luego escribe en ellos los números correspondientes.

Cómo se juega

Para 2 jugadores.

1. El jugador coloca los discos en orden desde el 0 al 10, en un lado del tablero de juego.

2. Echa el dado para ver quién juega primero; gana el número más alto. El primer jugador echa el dado otra vez y elige dos discos del lado de su oponente que sumen el número que ha salido.

3. Coloca estos discos en su lado del tablero de juego y echa el dado otra vez.

4. Continúa echando el dado para sacar un número y roba de su oponente hasta que ya no pueda sumar el número que ha sacado.

5. Entonces el dado pasa al otro jugador, que lo echa e intenta hacerse con todos los discos de la misma forma. El juego continúa de esta forma hasta que los discos están todos en un lado del tablero.

VARIANTE

Utiliza la idea de resta en vez de suma.

Juego numérico de cubos (edad de 5 a 6 años)

Cómo ayuda a tu hijo

Este juego da a tu hijo experiencia en la suma y la resta.

Qué necesitas

Un gran tablero, dividido en nueve cuadrados.

9 cubos de seis lados, con números en cada uno de los seis lados; los seis lados deben estar coloreados en rojo, verde, naranja, marrón, azul y morado. Cada cubo debe contener los siguientes números:

	Rojo	Verde	Naranja	Marrón	Azul	Morado
CUBO1	1	33	21	13	5	14
CUBO 2	18	14	12	27	3	2
CUBO 3	28	19	7	4	2	13
CUBO 4	17	9	24	16	13	12
CUBO 5	24	16	19	11	8	5
CUBO 6	52	5	22	7	10	18
CUBO 7	23	25	9	6	4	15
CUBO 8	34	8	15	14	6	17
CUBO 9	11	3	43	10	1	32

Este juego se puede obtener comercialmente. Para hacerlo en casa, prepara una gran lámina de cartón u otro papel rígido, luego divídelo en cuadrados del mismo tamaño, lo suficientemente grandes para contener uno de los cubos. Haz los cubos en papel, colorea cada lado de un color diferente, tal como se muestra más arriba, y luego numéralos como se indica. El código de color funciona como un «control de errores».

Cómo se juega

1. Pídele a tu hijo que vuelva los cubos hasta que cada cubo tenga el mismo color mirando hacia arriba.
2. Dile que coloque los cubos en un cuadrado de manera que la suma de los dos primeros vertical y horizontalmente sea igual al número del tercer cubo (véase el diagrama en las siguientes columnas para las secuencias correctas).

Serie roja			Serie verde		
17	11	28	3	16	19
1	23	24	5	9	14
18	34	52	8	25	33

Serie naranja			Serie marrón		
7	15	22	10	4	14
12	9	21	6	7	13
19	24	43	16	11	27

Serie azul			Serie morada		
1	4	5	2	12	14
2	6	8	13	5	18
3	10	13	15	17	32

JUEGOS Y ACTIVIDADES DE CIENCIAS Y NATURALEZA

Cocinar (edad de 2 a 3 años)

Cómo ayuda a tu hijo

Cuando cocines o prepares la comida, deja que tu hijo participe todo lo posible en la actividad; hay muchos libros de recetas escritos especialmente para niños pequeños. Si te ayudan en la cocina, aprenden conceptos científicos, al tiempo que son útiles y se divierten; por ejemplo, la forma en que las diferentes cosas se disuelven en el agua, cómo las sustancias cambian con el calor y el frío, etcétera.

Qué necesitas

Unos cuantos utensilios de cocina de tamaño adecuado para que los utilicen un par de manos pequeñas, y un montón de tiempo y de paciencia.

Cómo se juega

Al principio, dale a tu hijo tareas sencillas, como amasar la harina con el agua. Acuérdate de enseñarle las cosas lentamente y siempre que uses palabras nuevas: remover, batir, machacar, etc. Más adelante, él podrá progresar hasta hacer algo por sí solo, como panecillos.

Juego de flotar y hundirse (edad de 3 a 4 años)

Cómo ayuda a tu hijo

Practica este juego cuando tu hijo haya experimentado los conceptos de flotar y hundir objetos reales, algo que puedes hacer con él en el baño o en el fregadero de la cocina. Podríais ver qué frutas y qué verduras flotan y se hunden, por ejemplo. Ello le ayudará a recordar qué objetos flotan y cuáles se hunden.

Qué necesitas

Un dibujo grande de un recipiente que contenga agua y una serie de dibujos de objetos para utilizar en el experimento.

Cómo se juega

1. Dile a tu hijo que seleccione los dibujos uno a uno y que los coloque en la parte de arriba del agua del recipiente o en la parte de abajo, dependiendo de lo que ha descubierto sobre flotar y hundirse.
2. Si se equivoca en alguno, muéstrale con los objetos y el agua reales si el objeto flota o se hunde y luego juega otra vez al día siguiente.

Las partes del cuerpo (edad de 4 a 5 años)

Cómo ayuda a tu hijo

Le hará sentirse más consciente de las partes de su cuerpo y de cómo funcionan. Le ayudará a pensar sobre sus propias funciones corporales.

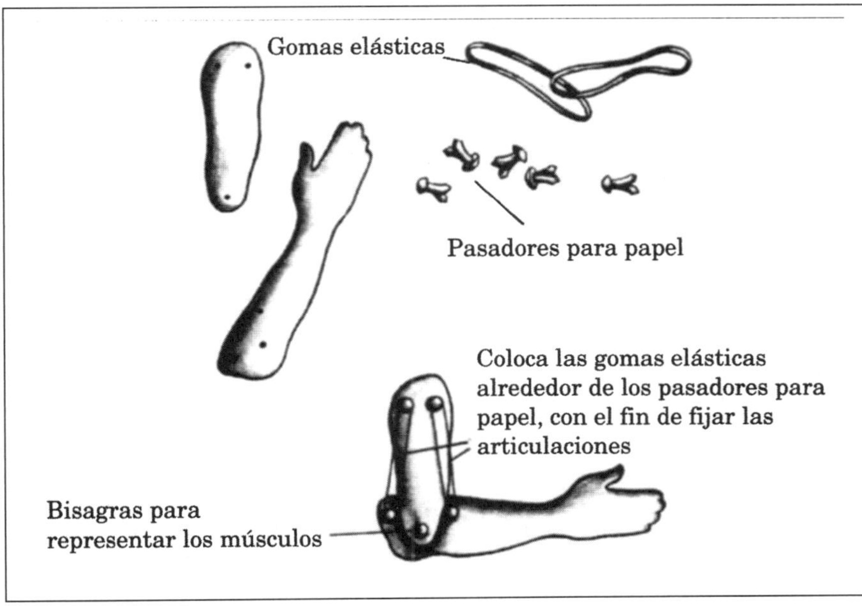

Qué necesitas

Un trozo muy grande de cartulina blanca; tiene que ser más grande que tu hijo.

Algunos pasadores para papel (para encuadernar), cintas y un lápiz.

Cómo se juega

1. Háblale sobre el cuerpo humano y sus diferentes partes; luego pregúntale qué partes puede mover y cuáles no. Explícale lo que son las articulaciones de las manos, brazos, piernas, pies, y así sucesivamente.

2. Dibuja un perfil de su cuerpo y marcad juntos dónde están situadas las articulaciones.

3. Corta el dibujo por las articulaciones y luego une las piezas con pasadores para papel y gomas elásticas (véase el diagrama).

4. Una vez hecho esto, háblale sobre su columna vertebral y relaciónalo con las *Tarjetas de clasificación de animales y plantas* (véase pág. 152). Ha descubierto que él es, también, un animal vertebrado.

El juego de los grupos de alimentos (edad de 5 a 6 años)

Cómo ayuda a tu hijo

Esta actividad le enseña sobre los grupos básicos de alimentos que necesitamos, y a desarrollar una conciencia sobre la alimentación saludable.

Qué necesitas

Una hoja de papel grande.

Fotografías o dibujos de los diferentes alimentos. Las puedes recortar de revistas, dibujarlas tú o decir a tu hijo que las dibuje.

Cinta adhesiva por las dos caras.

Cómo se juega

1. Divide el trozo de papel en siete secciones y titula cada una con un grupo diferente de alimento: fruta y verdura, carne, leche y productos lácteos, pan, cereales, grasas y azúcar.

2. Cada vez que comáis, comentad lo que habéis comido, elegid un dibujo adecuado y pegadlo en el cuadro. Al final del día podéis comentar lo que habéis comido y decidir sobre lo que necesitaréis otro día.

Juegos y actividades de historia

Cuentos y poesías sobre el tiempo (edad de 2 a 3 años)

Cómo ayuda a tu hijo

Los cuentos y las poesías son una forma de atraer y mantener la atención. Los niños se pueden implicar y aprender muchas ideas y palabras nuevas.

Qué necesitas

Una selección de cuentos y poesías sobre el tiempo y de cuentos relacionados con cosas que pasaron hace mucho tiempo. (Un libro de poesías infantiles te proporcionará las poesías completas y otras sugerencias.)

Cómo se juega

Se puede «jugar» (leyéndole los cuentos) en cualquier momento. Trata de incluir juegos con las manos y otras actividades, tanto para implicarlo en los cuentos como para destacar las ideas que contienen.

Calendario del día de tu hijo (edad de 3 a 4 años)

Cómo ayuda a tu hijo

Con este juego desarrollará un sentido del tiempo. Es especialmente bueno porque representa las experiencias que él mismo recuerda y le da una visión pictórica del tiempo.

Qué necesitas

Una hoja larga de papel, de alrededor de 30 cm de ancho, dividida en secciones marcadas con las horas, comenzando, digamos, a las 8.00 y terminando a la hora a la que se va a la cama. Incluye también una esfera de reloj.

Lápices y tizas.

Pegamento o cinta adhesiva.

Cómo se juega

1. Pídele a tu hijo que haga un dibujo de sí mismo cuando se levanta por la mañana, por ejemplo, saliendo de la cama o desayunando. Comenta con él lo que va a hacer a continuación, y en su momento haz que recuerde que después de desayunar va al colegio, juega en el jardín, almuerza, camina hacia casa, va de compras, merienda, ve la televisión, lee cuentos, se baña y se va a la cama. Cuando le apetezca hacerlo, puede hacer otro dibujo.
2. Pega o fija con cinta adhesiva estos dibujos sobre el calendario en el momento adecuado del día.
3. Cuélgalo en su habitación o en cualquier otro lugar donde pueda mirarlo y reflexionar sobre sus actividades diarias.

Calendario de la vida de tu hijo (edad de 4 a 5 años)

Cómo ayuda a tu hijo

Esta variación sobre el calendario básico ayudará al niño algo más mayor a desarrollar una perspectiva secuencial sobre los acontecimientos de su vida; con frecuencia a esta edad, todo lo que ya ha pasado sucedió «ayer» y todo lo que va a pasar será «mañana». El tiempo es uno de los conceptos más difíciles de comprender para él. Cuantas más experiencias y comentarios tengáis, mejor.

Qué necesitas

Una larga tira de papel dividida en seis secciones (aunque se sugiere que lo hagas con los niños de cuatro o cinco años, con el tiempo seguirás la actividad con tu hijo; de aquí las seis secciones); cada sección representa un año de la vida de tu hijo.

Una selección de fotografías de tu hijo en diferentes momentos desde el nacimiento.

Pegamento o chinchetas.

Cómo se juega

1. Pega o fija con una chincheta las fotografías en el calendario, en el año que corresponda. Háblale sobre él mismo cuando era un bebé y déjale que te haga preguntas.
2. Elige las imágenes que muestren claramente lo mucho que ha cambiado con los años.

Calendario de los hogares a través de los tiempos (edad de 5 a 6 años)

Cómo ayuda a tu hijo

Le estimula a pensar sobre los cambios que se han producido a lo largo de un gran período de tiempo y qué influencias han dado lugar a ellos, y le ayuda a comprender la secuencia de los acontecimientos.

Qué necesitas

Una larga tira de papel: el papel de empapelar paredes cortado por la mitad de su longitud podría ser adecuado. Divide el papel en al menos seis o siete secciones y marca esas secciones en siglos y en años.

Ejemplos de hogares históricos adecuados, tales como cuevas, una villa romana, de la Edad Media, Tudor, Victoriana, de principios de siglo y un hogar moderno.

(En ocasiones puedes encontrar las imágenes adecuadas en los museos o puedes dibujarlas copiándolas de los libros.) Pegamento o cinta adhesiva.

Cómo se juega

1. Comienza hablando de vuestro propio hogar y de las cosas que son importantes. Por ejemplo, todos dormimos en camas, preparamos la comida todos los días y la cocinamos y nos mantenemos limpios nosotros mismos.
2. Enséñale a tu hijo las imágenes que has recopilado y pre-

gúntale si puede observar algo diferente sobre cómo cocinaban hace mucho tiempo los hombres de las cavernas. Lo importante es estimularlo para que perciba por sí mismo las diferencias y parecidos.

3. Sigue ahora comentando por qué hacían las cosas de forma diferente y mira algunos de los inventos importantes que han hecho la vida moderna tan cómoda y fácil. Por ejemplo, la vida ha cambiado radicalmente con el invento de la electricidad: la bombilla eléctrica se utilizó por primera vez en 1879, el frigorífico en 1879, la plancha eléctrica en 1882, el primer horno eléctrico en 1889, la tostadora eléctrica en 1909, el cazo eléctrico tan recientemente como en 1923 y el lavavajillas eléctrico en 1899.

Este juego se podría asociar con visitas a los museos que muestran de forma muy gráfica estos acontecimientos históricos para los niños pequeños.

Juegos de geografía

La abuela Hubbard (edad de 2 a 3 años)

Cómo ayuda a tu hijo

Le gustará este juego porque es una tontería, pero también centrará su atención en dónde se guardan las cosas en la casa y comenzará a desarrollar una conciencia espacial.

Qué necesitas

¡Muchísimo tiempo!

Cómo se juega

1. En primer lugar, enséñale a tu hijo la siguiente canción infantil:

OLD MOTHER HUBBARD
Old Mother Hubbard
Went to the cupboard,
To fetch her poor dog a bone;
But when she got there
The cupboard was bare
And so the poor dog had none

(LA ABUELA HUBBARD
La abuela Hubbard
fue al armario,
a darle un hueso a su pobre perro;
pero cuando llegó
el armario estaba vacío
y el pobre perro no tuvo ningún hueso.)

2. Después cambia la letra diciendo: «La abuela Hubbard fue al armario a buscar algunas sábanas, ¿qué armario era?». Pasa por una lista de las muchas cosas que se encuentran en el armario de la ropa de casa, el armario de la cocina, el armario ropero, y pregúntale qué más cosas podría encontrar allí. En su momento, llegaréis al armario de la cocina y tú dices: «¡Estaba vacío!».

El plano de la casa (edad de 3 a 4 años)

Cómo ayuda a tu hijo

Es una forma sencilla de conseguir que tu hijo piense en los diversos lugares de la casa y en cómo representarlos en una especie de mapa.

Qué necesitas

Un gran trozo de papel.

Dibujos o fotografías de revistas de diferentes muebles de la casa, como una cama, una estufa, un frigorífico, una silla, una mesa, etcétera.

Tizas o lápices.
Pegamento y cinta adhesiva.

Cómo se juega

1. Dibuja una casa, colócale el tejado y tal vez un garaje. Divídela en habitaciones, como en tu casa.
2. Comenta con tu hijo lo que son todas las habitaciones de la casa y qué es probable que encontremos en ellas.
3. Pídele que seleccione los dibujos de muebles adecuados para cada habitación y pégalos sobre el dibujo, en la habitación correspondiente.

¿Dónde vivo? (edad de 4 a 5 años)

Cómo ayuda a tu hijo

Le ayuda a desarrollar una conciencia de cómo viven otras personas.

Qué necesitas

Una colección de dibujos o fotografías de diferentes tipos de casas, tales como un iglú, una casa flotante, una casita de pueblo, una cabaña, etcétera.

Una colección parecida de hogares de animales, por ejemplo, un nido de pájaro, un hormiguero, etc., y también imágenes de los animales.

Todos los dibujos deben montarse sobre tarjetas.

Cómo se juega

1. Háblale a tu hijo sobre diferentes tipos de casas. Describe de qué están hechas, dónde se encuentran, cómo serían de antiguas, cómo se llaman. Ved cuántos tipos diferentes de viviendas hay.
2. Muéstrale luego las fotografías de las casas humanas y pídele que identifique quién vive allí.
3. Esto podría llevar al lugar donde viven los animales.

4. Luego puedes jugar a levantar las tarjetas (como si fuera una baraja), emparejando los animales con los sitios donde viven.

Hay un juego, *El juego de levantar tarjetas,* con casas de animales, más adelante (véase pág. 155).

Experimentos con agua en la cocina (edad de 5 a 6 años)

Cómo ayuda a tu hijo

Tu hijo podrá comprobar los efectos de la temperatura y ver en realidad que el agua puede ser sólida, líquida o gaseosa. Los experimentos del «fregadero» estimulan la observación y el que se plantee preguntas, que son habilidades que más tarde hacen falta en la escuela. Estas actividades también le ayudan a comprender cómo funciona el ciclo del agua y cómo esto afecta a los cambios que se producen en el clima, lo cual le lleva a comprender la geografía.

Qué necesitas

8 tarros de especias vacíos para hacer las botellas térmicas de Montessori. Llena dos tarros con agua fría, dos con agua tibia, dos con agua algo caliente y dos con agua caliente (sin que llegue a hervir).

Un cazo eléctrico y un cubito de hielo para la segunda etapa del experimento (véase más adelante).

Cómo se juega

1. La primera etapa trata de desarrollar una conciencia de la temperatura. Pídele a tu hijo que cierre los ojos y palpe los tarros, luego que los empareje de modo que haya dos fríos, dos tibios, dos calientes y dos muy calientes.

2. Explícale cómo producir las diferentes temperaturas del agua. Si tienes un termómetro de cocina, mide la temperatura del agua e intenta descubrir el punto de ebullición y el punto de congelación del agua.

3. Muéstrale, haciendo hervir un cazo eléctrico, cuándo el

agua alcanza el «punto de ebullición» y se convierte en vapor que escapa como un gas; y asegúrate de que se da cuenta de que siempre se eleva, nunca va hacia abajo.

4. Coloca agua en un recipiente para hacer cubitos de hielo y déjalo que se congele. Enséñale cómo el agua se ha hecho sólida, y habla de la temperatura, el «punto de congelación» en el que esto tiene lugar.

5. Sigue explicándole el ciclo del agua: cómo cada día el sol calienta la tierra y el agua de los ríos y lagos, y algo de las aguas se convierte en vapor (gas); cómo este vapor se eleva, igual que el vapor del cazo eléctrico, que a medida que se eleva se enfría y forma pequeñas gotitas de agua que forman las nubes; cómo en su momento las gotitas chocan unas con otras, crecen de tamaño y vuelven a la tierra en forma de lluvia; que la lluvia a veces, cuando hace el frío suficiente, cae como nieve o granizo. De vuelta a la tierra, el ciclo del agua comienza de nuevo. (Muchos libros contienen dibujos del ciclo del agua.)

Actividades de arte y manualidades

Imprimir las manos y los pies (edad de 2 a 3 años)

Cómo ayuda a tu hijo

Esta actividad desarrolla su sentido del dibujo y la imaginación.

Qué necesitas

Pinturas para pósters.
Un pincel.
Una hoja de papel blanco.

Cómo se juega

1. Ayuda a tu hijo a que ponga la pintura en su mano, utilizando un pincel, primero una mano y luego la otra.

2. Dile que apriete la mano sobre el papel. Más adelante le puedes animar a que haga distintos diseños.

3. Repite la actividad con los pies, asegurándote de que el papel es lo suficientemente grande.

Rasgar y cortar (edad de 3 a 4 años)

Cómo ayuda a tu hijo

Desarrolla su conciencia de las formas y los tamaños, le ayuda a incrementar el control de los músculos de los dedos y le da la oportunidad de expresar ideas.

Qué necesitas

Papel de seda.
Revistas y periódicos viejos.
Cola.
Un papel más grueso para montar los dibujos.

Cómo se juega

1. Enséñale a tu hijo a mantener las revistas o periódicos con las dos manos; luego, cómo estirar y rasgar con la mano dominante. Déjale que rasgue el papel dándole cualquier forma y durante todo el tiempo que quiera.

2. Cuando ya lo haga muy bien, enséñale a cortar tiras y cuadrados utilizando las tijeras.

3. Cuando se haya preparado un montón considerable de papeles, sugiérele que diseñe un bosquejo de, digamos, una casa o un árbol, y luego enséñale a pegar sobre él el papel rasgado. Con práctica, los cuadros se pueden volver más complejos en diseño y forma.

Nunca impongas a tu hijo una idea. Es importante que tenga libertad para explorar los materiales y hacer sus propias creaciones.

Collage (edad de 4 a 5 años)

Cómo ayuda a tu hijo

La naturaleza táctil del *collage* la convierte en una actividad que tu hijo puede disfrutar al trabajar con las manos. Puede ser muy creativa porque la variedad de materiales que se pueden utilizar producirá diferentes efectos.

Qué necesitas

Material para el fondo, como una cartulina, papel grueso, madera, lámina de corcho, de papel o un gran trozo de tela.

Una colección de materiales variados, tales como papel de seda, papeles decorativos o de envolver, telas, madera, cintas; en realidad, casi cualquier material de desecho. Algo con lo que fijar los materiales al fondo, como pegamento, cinta celo, grapas.

Cómo se juega

1. Comienza dejando simplemente a tu hijo que se acostumbre a engomar.
2. Luego sugiérele que dibuje un bosquejo de algo como un pájaro o un dibujo más grande de, por ejemplo, una escena del jardín o incluso un esquema geométrico.
3. Sugiérele que rellene todo el dibujo pegando los diversos materiales.

Coser (edad de 5 a 6 años)

Los niños pueden comenzar a coser mucho antes de los cinco años. Las etapas preparatorias para un niño de tres años son ensartar cuentas grandes, luego coser tarjetas gruesas con perforaciones hechas. A la edad de cinco años, puedes iniciar a tu hijo en la costura utilizando arpillera: un tipo especial de género con grandes agujeros.

Cómo ayuda a tu hijo

Estas actividades desarrollan las habilidades de la motricidad fina, estimulan la concentración y pueden ser muy gratificantes.

Qué necesitas

Una selección de agujas grandes: no tan romas que resulte demasiado difícil coser y abandone. (¡Los padres Montessori no tienen miedo de utilizar agujas con una punta fina!)

Una selección de tejidos de algodón y seda.

Algunos géneros fuertes como fieltro o lino.

Cómo se juega

1. Enseña primero a tu hijo a hacer un simple hilván y después enséñale algunas cosas más complicadas como costuras, cadeneta y coser botones.
2. Haz siempre algo que tenga una finalidad y que tu hijo pueda ver que se utiliza en casa.

Los trabajos de aplicaciones y *patchwork* son otras técnicas de costura sencillas en las que pueden destacar fácilmente los niños de seis años interesados en ello.

EXPLORANDO EL ENTORNO

INTRODUCCIÓN

Como ya has visto, tu hijo absorbe el conocimiento de su entorno desde una edad muy temprana, y esto es tan válido para el mundo que está más allá de tu casa como para la vida dentro de ella; cada vez que sale de casa, hay algo nuevo que experimentar. Algunas de estas experiencias las inicia tu hijo espontáneamente durante el transcurso de sus actividades normales: puede dar patadas a un balón por el jardín, caminar por un parque recogiendo hojas, escarbar en la arena, tirar de un juguete móvil en el patio trasero y andar por la calle deteniéndose de vez en cuando para investigar cosas. Parece que no importa demasiado el tipo de actividad, pero aprende exactamente igual del entorno.

Otras experiencias las puedes iniciar tú con la intención de ponerle en una situación de aprendizaje. Puedes sugerirle que te ayude a plantar unas flores, por ejemplo, o a quitar las malas hierbas del huerto familiar o incluso que ayude a buscar los alimentos en el supermercado.

Otras, sin embargo, puede iniciarlas él pero con tu participación, cuando aprovechas una oportunidad para señalarle algo nuevo: por ejemplo, si da una patada a una piedra del jardín, sugiérele que mire debajo para ver si hay bichitos y gusanitos.

Tu papel en todo esto es asegurarte de que su entorno es lo suficientemente estimulante y variado para proporcionarle los tres tipos de experiencia, y de que cuando está solo no corre ningún riesgo.

El entorno natural

Montessori destacaba la importancia de ayudar a los pequeños a comprender la naturaleza, y creía que el aprendizaje sobre cómo suceden y funcionan las cosas se produce en cinco etapas progresivas.

Primera etapa: observación y descubrimiento

Un niño de dos años se pone en cuclillas y observa los insectos más pequeños, arranca los pétalos de las flores y muestra un interés intenso por descubrir qué les sucede a los animales y a las plantas y cómo reaccionan al tacto y a otras sensaciones. Durante este período, es importante estimular su interés por las cosas cotidianas de la naturaleza. Podrías hablarle, por ejemplo, sobre las estaciones y decirle qué buscar en cada una de ellas. Verás que absorbe información a una velocidad tremenda y que aprende mucho más de lo que podrías imaginar.

Segunda etapa: cuidado y responsabilidad

Es cuando se da cuenta de que las plantas y los animales en una situación doméstica dependen para su supervivencia del cuidado de los humanos. Querrá participar en estos cuidados, y es el momento de enseñarle las habilidades y de darle responsabilidades concretas, tales como ponerle todos los días la comida al gato o regar las plantas. (Montessori era especialmente partidaria del valor de los gatos y recomendaba que hubiera uno en cada casa.)

Tercera etapa: procesos y predicciones

Es cuando comienza a comprender los procesos y las secuencias implicadas en la naturaleza y aprende a predecir con confianza y a tener expectativas: ahora sabe, por ejemplo, que, si espera con paciencia, en el curso normal de los acontecimientos los bulbos florecerán en primavera, y que la gata, repentinamente rolliza, tendrá sus gatitos y volverá a estar esbelta.

Durante este tiempo, estimúlale para que examine con detalle nueva información y enséñale a evaluarla y a hacer nuevas predicciones.

Cuarta etapa: interdependencia

En este punto, tu hijo mostrará que no sólo ha desarrollado una gran cantidad de conocimientos sobre los animales y las plantas que le rodean, sino que también ha llegado a amarlos y respetarlos. Es aquí cuando puedes explicarle la interdependencia de los seres vivientes e ideas tales como la cadena de los alimentos y cómo la vida depende del agua y de los gases que hay en el aire.

Quinta etapa: cultivo y control

Durante esta etapa final, se da cuenta de que tiene el poder de cultivar y controlar el entorno, cambiándolo para cubrir sus propias necesidades y las de la comunidad en la que vive. Es ahora cuando le puedes ayudar a comprender la importancia de salvar los hábitats y las especies y señalarle lo fácilmente que se puede destruir el entorno.

En cada una de las etapas anteriores, Montessori creía que tenía una importancia suprema el que los adultos fomentaran una actitud cuidadosa hacia el entorno, de manera que la próxima generación creciera en armonía con el mundo natural. Hoy, este concepto, el de ser *respetuoso con el entorno*, se ha convertido en algo más deseable incluso, y el mejor momento de desarrollarlo en tu hijo es cuando es pequeño. Tal vez, como familia, podríais afiliaros a una organización como la de los Amigos de la Tierra o a alguna otra que se dedique a la protección de especies en peligro de extinción; tales organizaciones no sólo ayudarán a tu hijo a desarrollar una conciencia de los esfuerzos que se hacen en todo el mundo para proteger el planeta, sino que también le ayudarán a comprender lo que podría hacer como individuo para mejorar su propio entorno inmediato.

Montessori creía que las actividades diseñadas para fomentar el cuidado y la conciencia del entorno natural no sólo merecían la pena en sí mismas, sino que destacaba, además, su creencia de que el desarrollo espiritual del niño también saldría beneficiado de esta participación. En un mundo cada vez más materialista, este aspecto del desarrollo se olvida con frecuencia. También, al estar cerca de la naturaleza y hacerse consciente de la interdependencia de todos los seres vivos, tu hijo desarrollará poco a poco una comprensión del universo como un todo.

El entorno hecho por el hombre

Aunque vivas en un entorno rural, habrá una gran cantidad de cosas en tu vecindad inmediata hechas por el hombre, y estas cosas, también, pueden proporcionar experiencias de aprendizaje valiosas para tu hijo.

Desarrollar una conciencia de los muchos tipos diferentes de casas, carreteras y medios de transporte en una ciudad o en un pueblo es sólo un comienzo. Otros ejemplos del ingenio y la explotación de su hábitat por parte del hombre pueden ser también interesantes; por ejemplo, cómo hace uso de los minerales y cómo descubrió la electricidad. Desde luego, los entornos son también sociales y culturales, y observar las costumbres y tradiciones también puede ser fascinante.

Un entorno urbano es exactamente igual de enriquecedor que uno rural o residencial, especialmente si tú, como padre o como madre, aprovechas las ventajas de las muchas actividades y lugares de interés que podéis visitar en los alrededores.

En el jardín

Tu jardín, por grande o pequeño que sea, proporcionará un cúmulo de experiencias a tu hijo. Desde la primera vez que se le sacó a él siendo un bebé muy pequeño, ha recibido experiencias a través de sus sentidos, tales como la sensación del aire en su rostro o el sonido de un pájaro que canta y, cuando cumple los dos años, ha absorbido ya un montón de cosas.

Para estimular un amor a la naturaleza, sólo necesitas que paséis un tiempo allí juntos; simplemente sentarse, observar y escuchar, o caminar en silencio y tocar y oler y, cuando proceda, gustar. Los pájaros irán de aquí para allá, y es posible que un animal se escabulla entre los árboles o que una mariposa o una abeja hagan una visita a las flores. Anima a tu hijo a que huela las flores y que toque las diferentes hojas para descubrir la variedad de sus texturas. Túmbate con él sobre la hierba y observad las nubes que se mueven por el cielo y los dibujos que forman los árboles cuando se recortan en él. Juega a *El juego del silencio* (véase pág. 75) y hablad de los diferentes sonidos que oís. Salid fuera alguna vez cuando anochezca, y llama su atención sobre los diferentes sonidos y vistas de la noche: la luna, las estrellas y el cielo oscuro.

Cosas que encontramos en el jardín

En la mayoría de los jardines se encuentran diferentes tipos de terreno y de rocas. Hay agua en el terreno o en estanques o charcas y normalmente diversidad de vida animal y vegetal, con lo que tu hijo podrá aprenderlo todo sobre cómo las plantas y los animales respiran, absorben agua, exhalan gases y se reproducen. Podría hacerse una colección de diferentes semillas y hojas, luego clasificarlas e identificarlas, comparar su forma y tamaño y aprender sobre los diferentes usos de los árboles y las plantas.

Observar la naturaleza parece que es algo que surge naturalmente en un niño pequeño; sólo es necesario que le proporciones las oportunidades para que lo haga.

Crear un área en el jardín para tu hijo (de 3 años en adelante)

Un *pequeño huerto* es algo que les encanta a los niños pequeños. Pueden observar algo que crece desde la semilla hasta la planta, que puede preparar, cocinar y comer él mismo. Elige una parte adecuada junto al jardín, donde dé el sol suficiente y que esté protegida del viento.

LA SEGURIDAD, LO PRIMERO

En primer lugar y sobre todo, pon un cuidado especial cuando planifiques tu jardín, a fin de hacer de él un lugar seguro para que tu hijo juegue en él y lo explore él solo.

- Comprueba los accesos al jardín; las puertas se deben cerrar automáticamente y permanecer cerradas si conducen directamente a una vía peligrosa.
- Cualquier herramienta de jardinería eléctrica o afilada, como una cortadora de césped, requiere que las maneje un experto y se guarde, fuera de peligro, en un cobertizo, un armario o un garaje; lo mismo hay que hacer con los fertilizantes y pulverizadores del jardín.
- No debe haber acceso al tejado desde el jardín y se deben proteger los desagües abiertos.
- Prepara un área apropiada en el exterior para, por ejemplo, que un niño muy pequeño juegue con arena y agua a plena vista desde la cocina o la sala de estar. Otros juguetes adecuados de jardín, tales como un columpio, un balancín o un armazón para trepar, también deberían estar totalmente a la vista, y debes enseñarle a tu hijo a que los utilice sin riesgo.
- Toma precauciones si tienes una piscina o un estanque. Estableced ciertas normas familiares y asegúrate de que tu hijo las comprende. Enséñale a nadar lo más pronto posible; los dos años no es demasiado pronto.
- Asegúrate de que no hay plantas venenosas como la belladona, el laburno, la dedalera o digital, la lobelia, el lirio de los valles, la adelfa y las setas venenosas en tu jardín.

Enséñale primero a preparar el suelo. Trata de encontrar herramientas de jardinería que puedan ser manejadas fácilmente por manos pequeñas. Estimúlale a que palpe la tierra, su textura y su humedad. Explícale que no importa si se ensucia las manos, que se pueden lavar cuando haya terminado. Luego elige una o más verduras que se puedan cultivar de semillas: habas, brécol, coles de Bruselas, repollos, zanahorias, coliflores, puerros, cebollas, espinacas y otras muchas. Enséñale a plantarlas. Leed juntos cuidadosamente las instrucciones del paquete de semillas, de modo que se planten en las condiciones adecuadas, con el suficiente espacio entre ellas y en el momento del año adecuado. Anímale a que vigile su huerto con regularidad, para permitir que las verduras crezcan.

Si tienes un jardín lo suficientemente grande, sugiérele que haga un jardín de hierbas aromáticas de la misma manera.

Mientras las semillas crecen en el exterior, ayúdale a hacer un experimento de cultivo de semillas en casa, plantando semillas de mostaza en una bola de algodón húmeda, o bien semillas de judías en un tarro con papel secante y piedras. Después puede ver cómo crecen las raíces y cómo los brotes rompen hacia arriba. Un niño más mayor (de cinco años en adelante) puede medir cada día el crecimiento y registrarlo en un papel cuadriculado.

A medida que estas plantas crecen, haz dibujos, o recorta fotografías, de las diversas partes de una planta (tallo, pétalos, raíces, hojas, estambres, etc.) y explícale sus funciones. Luego inventa un juego para reconocerlas (véanse págs. 151-152).

Atraer y cuidar a los pájaros

Una mesita para alimentar a los pájaros podría ser otro punto de interés para un niño pequeño. Puedes comprar una en una tienda de jardinería o hacerla en casa; todo lo que necesitas es un poste de madera y un trozo cuadrado de madera (véase el diagrama en la página siguiente). Coloca dos o tres cáscaras de coco y pon con regularidad alimentos, como migas de pan, fruta, semillas y frutos secos. Anima a tu hijo para que vigile con atención a ver qué pájaros comen y qué comida toman. (Un niño algo más mayor podría registrar lo que sucede.)

Algunos pájaros pueden hacer sus nidos en tu jardín. A finales del otoño o en invierno, cuando han abandonado los nidos, no produce ningún daño el examinarlos para conocer de qué están hechos: los materiales incluirán probablemente ramitas, musgo, hojas, barro, hierba y plumas.

También puedes mostrarle dibujos (o utilizar las tarjetas de biología Montessori, véanse págs. 153-154) de las diferentes partes de un pájaro e ilustraciones de diferentes especies y ayudar a tu hijo a identificarlas. Un niño mayor podría escribir sobre todo lo que ha descubierto acerca de la historia de su vida y sus hábitos de alimentación.

Cuidar de los animales domésticos

Ésta es otra actividad divertida y educativa que es adecuada para un niño entre las edades de dos y seis años. El gato o el perro familiar son unos buenos animales domésticos porque no es preciso encerrarlos en jaulas o en ratoneras. Montessori estaba muy a favor de la libertad y probablemente no habría aprobado lo de tener en cautividad a conejos, hámsters o conejillos de Indias.

Crear un jardín en miniatura (de 4 años en adelante)

Aunque no tengas jardín, es posible proporcionar a tu hijo la experiencia de cultivar cosas; las semillas como judías, rábanos, zanahorias y guisantes crecen con facilidad en bandejas de las que se utilizan para alimentos o en frascos, y en el interior se pueden crear jardines completos en miniatura. Compra una gran bandeja de plástico o de metal (se pueden conseguir en la

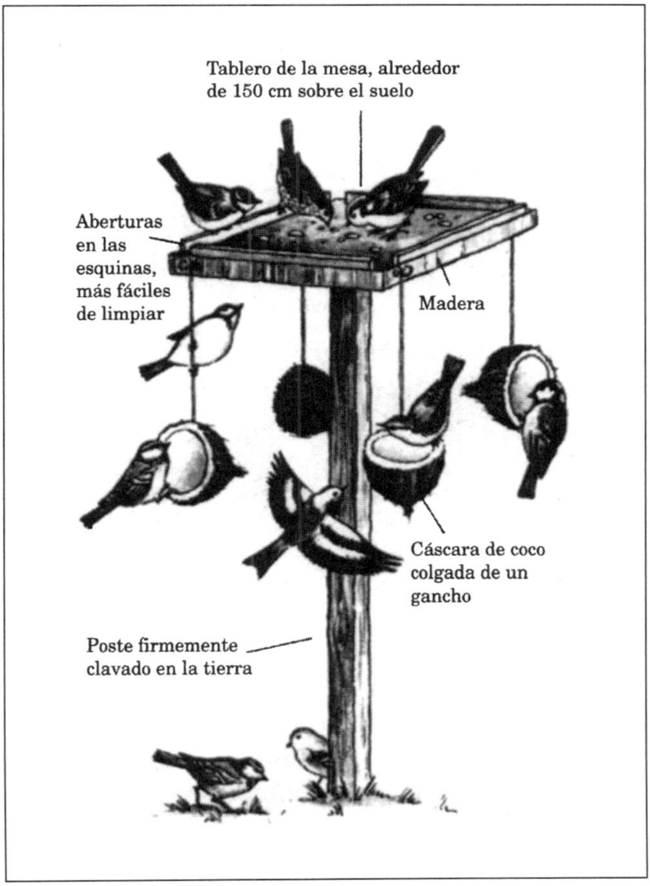

mayoría de las tiendas de jardinería o viveros) y divídela en secciones; cuatro podrían suponer, por ejemplo, una de césped, una de bulbos en miniatura, una de plantas de roca en miniatura y, tal vez, una de berros. Anímale a que cuide las plantas y las mantenga regadas y cerca de la luz solar. Del mismo modo se pueden colocar maceteros en el exterior de las ventanas.

Cosas para hacer en el jardín

Hay toda una serie de cosas que suceden en todo momento en tu jardín para proporcionar a tu hijo experiencias de aprendizaje. Las siguientes sugerencias son actividades que se podrían centrar en torno a cualquier jardín o patio, y el tuyo seguro que también presenta, sin duda alguna, otras posibilidades individuales. Observa a tu alrededor para ver oportunidades y tú, también, comenzarás a ver tu entorno de una manera diferente, más vívida.

Observar las estaciones (alrededor de los 2 años de edad)

Haz una colección de fotografías de plantas y animales que tú sepas que aparecen en tu jardín a lo largo del año. (Se pueden recortar de revistas y de los paquetes de semillas.) Luego ayuda a tu hijo a hacer un plano básico de tu jardín. En primavera, cuando empiecen a aparecer las primeras campanillas, él puede fijar una fotografía en el lugar adecuado del plano: en su momento, se pueden añadir, a medida que vayan apareciendo, fotografías de los lirios, los narcisos y otras flores de primavera. Anímale a que busque los animales a medida que salen del letargo invernal y los pájaros que visitan el jardín durante la estación, a observar los árboles que echan sus brotes y los setos que se espesan con hojas nuevas, verdes. Haz que registre todos estos acontecimientos en su cuadro de la primavera.

Conserva este cuadro y comentadlo juntos: los niños mayores pueden escribir un cuento. Haz lo mismo en el verano, el otoño y el invierno y, cuando hayáis completado un registro de todo el año, comentad y comparad las estaciones.

Medir la lluvia (a partir de los 5 años)

Necesitas una hoja de papel cuadriculado para registrar y varias botellas de plástico vacías. Marca los lados exteriores de las botellas en centímetros, utilizando una cinta adhesiva o un rotulador indeleble. Corta la parte superior de las botellas, colócalas boca abajo dentro de la base de las botellas (véase el diagrama). Haz que tu hijo coloque estos cilindros de medida improvisados en diferentes lugares del jardín. Al mismo tiempo, cada día, dile que mida cuánta lluvia ha caído y registradlo en el gráfico. Hazlo durante períodos determinados de tiempo para construir un cuadro de la lluvia que cae en tu jardín en un mes y en una estación.

Medir la temperatura (a partir de los 5 años)

Necesitarás una hoja de papel cuadriculado para registrar y un termómetro que se puede comprar en una tienda de jardinería. Haz que tu hijo coloque el termómetro en una parte del jardín donde no dé el sol, alrededor de un metro sobre el suelo. Anímale a que registre la temperatura a la misma hora todas las mañanas, al mediodía y por la tarde. Utiliza el registro para comentar las temperaturas en el contexto de otras condiciones climatológicas y fomenta una conciencia de los cambios que se producen durante las diferentes estaciones. Con algunos niños puedes continuar esto durante mucho tiempo, digamos durante un año.

Registrar las condiciones climáticas (a partir de los 5 años)

Haz un cuadro mensual y pega cada día dibujos de las condiciones meteorológicas, tales como tiempo despejado, nubes, lluvia y viento. Colecciona refranes sobre el tiempo de diferentes países y enséñaselos a tu hijo, por ejemplo, «En abril, aguas mil» o «Mañanita de niebla, tarde de paseo», y comprueba con él si hay algo de verdad en ellos. Anímale a que compare las previsiones del tiempo de la televisión y el periódico con las condiciones meteorológicas reales.

La vida diaria en el jardín

Así como tu casa necesita de tareas sin fin para mantenerla cómoda y agradable, igual sucede con tu jardín. Hay que mantener cortado el césped, plantar nuevas flores, frutas y verduras y de vez en cuando arrancar las malas hierbas y regar. Haz que tu hijo participe en estas actividades lo más pronto posible. Trabajar con él te puede llevar más tiempo, pero será infinitamente más agradable y proporcionará otra oportunidad de construir una buena relación.

Ayudar a cortar el césped (a partir de los 3 años)

Aunque a un niño de menos de seis años no se le debería dejar bajo ningún concepto que utilizara una cortadora de césped con motor, podría colaborar de otras formas: empujando la carretilla llena de hierba hasta el montón del abono, por ejemplo. Ésta es una actividad que hasta un niño de tres años puede hacer, siempre que le des una carretilla de tamaño adecuado y lo controles debidamente.

Plantar los bulbos, los setos y los arbustos (a partir de los 4 años)

Implica a tu hijo cuando plantes, mostrándole muy despacio y con cuidado cómo preparar el terreno, luego cómo colocar las plantas y regarlas. Asegúrate de que tiene las herramientas de un tamaño adecuado. Comenta con él las estaciones y lo que se planta, cuándo y por qué.

En el parque

Un parque es un área grande de entorno natural, abierta al público, dentro de los límites de una ciudad o un pueblo. Los parques son con frecuencia el único «campo» al que un niño urbano tiene fácil acceso, por lo que, para fomentar en tu hijo un auténtico amor por la naturaleza, es importante que le lleves con frecuencia al parque y le dejes jugar allí y disfrutar de él.

Para aquellos que no tienen un jardín, muchas de las actividades sugeridas en el apartado anterior se podrían llevar a cabo en el parque de la ciudad. Pero incluso aquellos que son afortunados y tienen su propio jardín deberían llevar a su hijo al parque en cualquier caso, porque el entorno es diferente, con toda probabilidad, con una variedad más amplia de árboles, plantas y animales. Normalmente hay un área infantil de juegos y esto puede proporcionarle la ocasión de compartir y jugar con otros niños.

Camino del parque

Llegar al parque puede ser una experiencia de aprendizaje en sí mismo. Puede suponer caminar por las calles de la ciudad, por ejemplo, y esto es una buena oportunidad para enseñarles seguridad vial.

Comienza comentando sobre el tráfico y, al mismo tiempo, hablad de los diferentes vehículos que hay en la calzada. En un día lluvioso, podríais buscar en revistas y periódicos antiguos y recortar fotos de coches, camiones, autobuses, bicicletas, etc., para ver cuántos diferentes tipos de vehículos podéis coleccionar. Insiste en todo momento en que el tráfico es peligroso, porque va muy rápido, y que las personas sensatas tienen cuidado de permanecer en la acera a menos que quieran cruzar la calle. No quieras asustarlo, sino enseñarle a ser cauto. Recuerda que cuando nos hemos convertido en adultos hemos aprendido a valorar la velocidad y la distancia del tráfico en movimiento, pero que éste es un juicio que se ha desarrollado con la experiencia, lentamente, a lo largo de los años.

Para proporcionarle práctica a tu hijo, hazle participar en juegos que le ayuden a percibir el movimiento de los vehículos y a comenzar a hacer juicios. Estando en la parada del autobús, cuando aparezca el autobús en la distancia, dile que adivine hasta cuánto podrá contar antes de que llegue a la parada. Hazle consciente de la importancia del sonido al juzgar la distancia. Otra vez, en la parada del autobús, pídele que cierre los ojos y que te diga cuándo llega el autobús por lo elevado del ruido.

Por supuesto, la forma más eficaz de ayudar a tu hijo a establecer juicios sobre cuándo cruzar la calle es proporcionarle mucha práctica de cruzar sin riesgo contigo, de tu mano. Cruzad siempre las calles por los lugares permitidos, tanto los cruces de peatones, los semáforos o los pasos de cebra. Dale la oportunidad de que te diga él cuándo se puede cruzar.

No permitas nunca a tu hijo que juegue a la pelota en la calle y no le dejes que lleve a un perro fuerte con una correa en medio del tráfico.

La edad a la que puedes permitir a tu hijo que salga solo puede variar y, por supuesto, es tu decisión. Sin embargo, es recomendable que nunca dejes a un niño de menos de siete años que salga solo a la calle, porque simplemente él no ha desarrollado aún la habilidad necesaria para juzgar correctamente. Puedes introducir a un niño de mucho menos de siete años en el Código verde para cruzar. Consta de seis pasos:

EL CÓDIGO VERDE PARA CRUZAR

1. Busca primero un lugar seguro para cruzar, luego detente.
2. Quédate en la acera, cerca del bordillo.
3. Mira al tráfico por todas partes y escucha.
4. Si viene tráfico, déjalo pasar. Mira otra vez por todas partes.
5. Cuando no haya tráfico cerca, cruza la calle en línea recta.
6. Sigue mirando y escuchando el tráfico mientras cruzas.

Un juego para practicar en el interior es el *Juego de seguridad vial* (véase pág. 165).

En el parque

En torno a las visitas al parque se puede construir toda una serie de actividades y, aunque éstas variarán dependiendo de las diversiones peculiares que proporciona y de tu enfoque en concreto, en la mayoría de los casos serían posibles las siguientes actividades:

Animales en el parque

Para comenzar, convierte en un juego el observar, designar y contar cuántos animales diferentes hay en el parque. A esto le puede seguir una conversación sobre cuáles son salvajes, cómo y por qué viven en el parque, dónde viven, qué tipo de alimentos comen y de dónde proceden. Más tarde, en casa, una actividad educativa relacionada con la práctica Montessori sería recopilar dibujos o fotografías de los diferentes animales y enseñar a tu hijo a clasificarlos de acuerdo con los diferentes grupos del reino animal: por ejemplo, mamíferos, aves, peces, reptiles e insectos (véase pág. 153).

O podríais concentraros en un animal y hacer un libro con su historia, todo sobre él. Uno típico podría ser un conejo. Es un mamífero porque tiene la piel cubierta de pelo y trae al mundo pequeños conejos vivos. Tiene una columna vertebral, largas orejas puntiagudas y un rabo corto. Tu hijo podría descubrir sus hábitos alimenticios y sus hábitats naturales. Podrías ilustrar la historia con dibujos o fotografías recortadas de revistas.

Durante un tiempo haced un estudio de todos los animales que veis en vuestras visitas. Acercaos a la biblioteca pública para descubrir los hechos sobre ellos y aliéntale a que ayude a encontrar los libros adecuados. En un día lluvioso, le puedes mostrar cómo hacer un *collage* de todos los diferentes animales que habéis visto en el parque cercano.

Las plantas del parque

Los árboles. En el parque de tu ciudad habrá una variedad mucho mayor de árboles que en tu jardín. En una de vuestras primeras visitas, haz que tu hijo haga una colección de los diferentes tipos de hojas que pueda encontrar. Cuando volváis a casa, podéis identificarlas y enseñarle los nombres de los árboles de los que proceden. Dependiendo de la época del año, podéis también recoger los frutos de los árboles, tales como bellotas o castañas. A los niños mayores les puede interesar saber otros hechos sobre los árboles, tales como que son las plantas más grandes del mundo y las que viven más tiempo; igualmente, que pueden absorber del suelo hasta más de mil litros de agua al día, que cubren alrededor de una tercera parte de la superficie de la tierra y que son muy necesarios para la vida, porque absorben el dióxido de carbono y despiden oxígeno, que necesitan para sobrevivir la práctica totalidad de los seres vivos.

Para más información sobre árboles, enséñale las tarjetas botánicas Montessori pertinentes (véase pág. 153) y jugad con ellas.

Las flores. En otra ocasión, podríais identificar y designar todas las diferentes flores que encontréis y dividirlas en cultivadas y silvestres. En casa, le puedes enseñar a tu hijo las diferentes partes de una flor y explicarle el proceso de polinización.

Diversiones en el parque

Los parques proporcionan diversiones a las personas que viven en los pueblos y las ciudades. Normalmente se dispone en ellos de muchos tipos diferentes de actividades recreativas y éstas incluyen a menudo zonas de juegos para los niños, equitación, remo, natación, fútbol, tenis y, en ocasiones, una pista de patinaje sobre hielo. Con frecuencia hay un área donde tienen lugar actuaciones en vivo, tales como un escenario o una banda de música. Anima a tu hijo a que observe y participe al menos en alguna de estas actividades. Al mismo tiempo que le ayudan a adquirir habilidades físicas, le enseñan habilidades sociales, puesto que se reúne con otros niños y otras familias y habla con ellos.

EN EL CAMPO

A los afortunados que tienen un acceso razonable a él, el campo les proporciona los mejores medios para experimentar la realidad y la alegría del entorno natural. Aunque no sea posible llevar a tu hijo al campo con regularidad, deberías organizarlo de manera que al menos lo vea ocasionalmente, tal vez como parte de las vacaciones.

Desde una edad temprana puedes hacer surgir una conciencia de la importancia de la conservación y de la necesidad de respetar nuestro entorno y las propiedades de los demás. Una buena forma de hacerlo es observar las siguientes líneas de conducta:

EL CÓDIGO DEL CAMPO

- Protección contra cualquier riesgo de fuego.
- Verjas cerradas.
- Mantener bajo control a los perros.
- Utilizar caminos definidos a través del terreno agrícola.
- No dañar verjas, setos y muros.

- No dejar basura.
- Salvaguardar los suministros de agua, no contaminando las corrientes y los ríos.
- Tener precaución en los caminos vecinales.
- Respetar la vida del campo.

Un paseo por el campo

Si vives cerca de un área rural o puedes llegar en coche hasta ella y si podéis pasar unas horas dando un paseo, proporcionará todo un caudal de oportunidades para que tu hijo amplíe su conocimiento de la naturaleza.

En el campo vive una gran variedad de plantas y de animales y podéis repetir la actividad de que hemos hablado en los apartados anteriores de hacer listas de los nombres de los árboles, flores y animales que encontréis que viven y crecen allí.

Cuando visitéis el campo, podéis observar e identificar los diferentes árboles de una determinada área. Podéis observar si son de hoja caduca o perenne. Al nivel de la cintura, es probable que haya helechos y, al nivel del suelo, musgos, líquenes, trébol y plantas que florecen. Entre los animales se pueden encontrar zorros, conejos, murciélagos, hormigas, moscas, escarabajos, mariposas y arañas. Y casi con toda certeza habrá aves tales como petirrojos, gorriones, mirlos, codornices, águilas y halcones.

En el bosque perenne es más probable encontrar un solo tipo de árbol con una densa alfombra de hojas sobre el suelo. No es probable que haya muchos arbustos, y las aves que es más fácil encontrar allí son aquellas que se alimentan de nueces y de insectos.

Podéis hablar sobre la importancia de los árboles y de cómo dependemos de ellos porque absorben el dióxido de carbono y desprenden oxígeno. O podéis hacer una biblioteca de hojas, o un *collage* de hojas, o le puedes decir a tu hijo cómo podemos descubrir la edad de los árboles contando el número de anillos del tronco.

En casa, podéis tratar de cultivar vuestro propio árbol. Buscad una bellota y ponedla a remojo durante la noche en agua tibia. El día siguiente, quitadle la parte externa de la cáscara, más dura. Plantadla en un tiesto de jardín, colocad piedras en el fondo, añadid algo de tierra encima y luego regad hasta que la tierra esté empapada. Colocad una bolsa de plástico sobre el tiesto y fijadla para que se mantenga la humedad. El tiesto se debería colocar en un lugar soleado y revisarlo de vez en cuando. Cuando aparezca el plantón, quitad la bolsa de plástico, aseguraos de mantener la tierra húmeda y colocadlo en un macetero en la ventana o en el jardín. Al final del verano o a principios del otoño plantadla en la tierra.

Otra actividad campestre fascinante es un «paseo de oír». Se puede hacer en cualquier momento del año, y en algunos sitios del paseo podéis cerrar los ojos y permanecer de pie en silencio. Escucharéis multitud de sonidos: los cantos de los pájaros, el murmullo de las hojas por el viento, animalillos que se escabullen bajo tierra y el chasquido de las ramitas. Si dispones de un casete puedes registrar estos sonidos y hacer que tu hijo trate de recordar qué eran al llegar a casa.

En otra ocasión, podrías llevar a tu hijo a un «paseo por el reino animal». Esto implicaría encontrar un lugar adecuado para sentaros durante un rato, de manera que podáis esperar y escuchar los movimientos. Con frecuencia, la linde de un bosque es un buen lugar, puesto que es donde se pueden encontrar conejos y una multitud de insectos. Buscad signos de animales, excrementos, huellas de pisadas, trozos de pelo y viviendas de animales, tales como nidos y hormigueros. Cuando volváis a casa, tu hijo puede hacer un *collage* utilizando fotografías o dibujos de los animales que ha visto en el bosque.

Investigad la vida acuática en corrientes y estanques. Necesitarás un colador corriente de cocina y un recipiente de plástico, como un vaso de helado. Buscad bajo las piedras del estanque o de la corriente y tratad de encontrar pequeños insectos. Para utilizar el colador, colocadlo en el agua, sacadlo y ved lo que habéis capturado. Colocad los hallazgos en el vaso mientras los observáis e investigáis y luego devolvedlo todo a su sitio. Tomad nota de lo que encontráis, pero acordaos de devolverlo siempre a su lugar.

Un «paseo por el reino vegetal» proporcionará posibilidades similares de recolectar muestras, tales como hojas, flores, musgo, liquen y cortezas de árboles. Luego de haberlas identificado con tu hijo, llevadlas a casa y enséñale a hacer calcos con cortezas (véase pág. 167), prensar flores y hacer dibujos de las cosas recogidas.

Una actividad para llevar a cabo mientras paseáis por caminos y senderos naturales es buscar huellas de pisadas humanas y animales. Éstas se pueden vaciar en yeso (llevad algo de yeso al paseo). Más tarde, en *El juego de levantar tarjetas* (véase pág. 155), podéis añadir una sección sobre huellas de pisadas, que serán una referencia útil para identificarlas, y un test de lo que recuerda.

Un paseo por la playa

Las costas pueden ser muy variadas. Algunas son cálidas y con arena, otras pueden estar hechas de guijarros y rocas y otras pueden tener acantilados. La mayoría de las costas presentan una amplia variedad de aves, animales y vida vegetal. (Entre la vida animal se pueden encontrar lapas, caracoles marinos, mejillones, ortigas marinas, gambas, cangrejos y erizos de mar, y también se pueden observar diferentes tipos de algas. En las playas de arena se pueden encontrar orugas, en tanto que la mayoría de las costas son ricas en aves marinas como gaviotas y cormoranes.)

También podéis hacer una colección de conchas y piedrecillas, prensar las plantas y hacer un *collage* de la playa. Las conchas y las piedras se pueden clasificar en grupos: brillantes u opacas, suaves o ásperas, redondeadas o agudas, así como por color, peso y tamaño. Al hacer esto juntos, le estás proporcionando a tu hijo una excelente preparación para sus futuras clases de matemáticas.

Finalmente, el mar mismo tiene posibilidades infinitas. Se

pueden observar los barcos dando sacudidas arriba y abajo sobre el agua y comentar de dónde vienen y a dónde podrían ir. Podéis observar el *Juego de flotar y hundirse* (véase pág. 92) en acción, identificando los objetos que se han hundido en el fondo del mar y los que flotan sobre el agua. Las olas y las mareas de la playa proporcionan aún más oportunidades diferentes de aprendizaje y se trata de ellas más adelante con más detalle (véanse págs. 178 y 179).

Estanques, corrientes, ríos y lagos

Haz un acuario de agua dulce y recoge del estanque local algo de vida vegetal, caracolas de agua y renacuajos. Una vez que tu hijo haya observado cómo crecen y cambian, devolvedlos a su hábitat natural. Éste es un buen momento para aprender sobre los ciclos vitales. *El juego de levantar tarjetas* describe la historia de la vida de una rana y una mariposa (véase pág. 155).

La investigación de estanques, corrientes, ríos y lagos, ampliará la experiencia de tu hijo sobre los hábitats naturales. Te podría agradar llevarlo a pescar y, sentados a la orilla del río, habrá ocasiones de observar animales y aves tales como garzas, alondras, patos y nevatillas, por ejemplo.

Terrenos sin edificar

Las visitas a los terrenos sin edificar y vertederos y observar los tipos de vida vegetal a lo largo de las vías del tren proporciona también una diversidad de situaciones de aprendizaje. Asegúrate siempre de que los niños están controlados cuando van a esos lugares. Muchas plantas y animales se han adaptado a la vida en áreas industriales; palomas, gorriones y estorninos se pueden encontrar en las ciudades, y la mora, la malva, la retama y el cardo son plantas corrientes.

Otra actividad que se puede llevar a cabo en estos alrededores es observar la contaminación. Una vez que hayáis descubierto la magnitud y el tipo, podéis comentar juntos las formas eficaces de eliminarla y prevenirla.

EN LOS ALREDEDORES DE LA CIUDAD

De compras en el supermercado

Muchas familias hacen la compra semanal en el supermercado. Cuando vayas al tuyo la próxima vez, lleva a tu hijo y haz que participe ayudándote a encontrar los diversos productos que quieres comprar; hacia la edad de cinco o seis años puede ayudar a seleccionar los más económicos. Cuando volváis a casa, el ayudarte a clasificar, agrupar y almacenar también proporcionará a tu hijo oportunidades de aprender. Podrías pedirle que compruebe los productos que habéis comprado con la cuenta, a medida que desempaquetáis las cosas y, si le interesa, podría tratar de sumar cuánto habéis gastado en carne, en productos lácteos, en fruta y verdura.

La cuestión de dónde vienen los alimentos y cómo llegan a la tienda es evidentemente otra área a explorar. En vez de que tu hijo de cinco años responda a la pregunta «¿De dónde viene la leche?» diciendo que «Del supermercado», porque es el único lugar donde la ha visto y de donde la ha obtenido, ayúdale a hacer un calendario o una rueda (véase pág. 161) para seguir las etapas entre la vaca y su mesa de desayuno. Entonces comenzará a comprender el esfuerzo y la organización que todo esto supone. Podría también tratar de crear ruedas similares para otros de sus alimentos favoritos, como las frutas o incluso los pasteles.

Una visita al mercado

Muchas zonas tienen todavía mercados, bien sea a diario, bien semanales, generales o especializados. Con sus puestos de animados colores y la multitud ruidosa, pueden ser especialmente informativos y divertidos para vagar por ellos. Contar cuántos tipos diferentes de una clase de alimento están disponibles puede llevar a hablar sobre los países de los que proceden y cómo llegan aquí los alimentos de países lejanos, todavía frescos. Una vez en casa, podríais recortar dibujos o fotografías de diferentes frutas y verduras, montarlas sobre tarjetas y relacionarlas con los diferentes países del mapamundi Montessori o jugar al *Juego de las frutas o de las verduras* (véanse págs. 146 y 147).

Visitas a los alrededores

Una de las ventajas de vivir en una comunidad urbana o residencial es el número de diferentes diversiones y lugares de interés que hay cerca. El periódico local, la emisora de radio o el Ayuntamiento pueden proporcionar normalmente detalles. Tales lugares pueden incluir museos para niños, galerías de arte e instituciones locales como el parque de bomberos o la policía, o tal vez podríais visitar una fábrica para ver en acción maquinaria industrial compleja.

Por ejemplo, se puede organizar con facilidad una visita al parque de bomberos. Normalmente prefieren un grupo de niños, por lo que podrías prepararlo con una o dos madres más. A los niños les enseñarán el camión de bomberos y todos los diversos dispositivos que tiene para apagar los fuegos. Es normal que el personal haga salir chorros de las mangueras, cosa que divierte mucho a los niños. Les explicarán lo que sucede cuando hay una llamada de emergencia y, si se produce una mientras estáis en el parque, los niños mayores pueden comprobar cuánto tiempo les lleva a los bomberos subir al camión y abandonar el parque. Los bomberos hablarán a los niños sobre los tipos de llamadas que reciben. Siempre resulta sorprendente enterarse de que la lucha contra el fuego no es el único trabajo que realizan; con mucha frecuencia tienen que ayudar a las personas a salir de apartamentos en los que se han quedado encerradas.

Al volver a casa podríais hablar sobre las medidas de seguridad que tomáis en vuestra casa para evitar el fuego y decir a tu hijo lo que hay que hacer si, por desgracia, os enfrentáis a un incendio.

Los dentistas, las clínicas y los hospitales también suelen estar cerca, y, puesto que tu hijo probablemente tenga que acudir a alguno de ellos en cierto momento, es una buena idea alimentar una actitud positiva ante lo que sucede en estas instituciones.

Hay mucha literatura publicada para ayudarte a explicar las funciones de cada uno y lo que sucedería si tuviera que ir.

Ir al colegio

Introducción

Enviar al colegio a tu hijo por primera vez puede ser para ti una experiencia terrible, por no hablar de lo que puede suponer para él, y esto sucederá cuando tenga dos años y medio o tres si va a seguir la educación preescolar. Hay, por supuesto, diferentes tipos de escuelas infantiles, y la que escojas dependerá de tus circunstancias y preferencias. Puedes elegir un grupo de juego, una guardería ligada a una escuela primaria, un jardín de infancia independiente, un jardín de infancia Montessori, o algún otro tipo de centro para niños. Las posibilidades disponibles son considerables y varían dependiendo del sitio donde vivas.

Los aspectos físicos de ir a la escuela y volver —caminando por la calle, cruzando carreteras, haciendo recorridos— se tratan en apartados anteriores de este libro. Así pues, son también puntos importantes para estimular la independencia en tu hijo y alimentar su deseo de aprender a base de que se le permita una libertad suficiente. Aquí, por lo tanto, me concentraré en la ayuda igualmente importante que le puedes dar a medida que se adapta a su nuevo entorno.

Dondequiera que decidas enviarlo, recuerda que, como padre o como madre, tienes que continuar teniendo confianza en tu capacidad de contribuir a la educación de tu hijo y, desde el principio, has de intentar establecer una buena comunicación con los profesores. Es seguro que quieren cooperar contigo y han recibido formación para hacerlo. Aprende a tener confianza en ellos y «déjale ir». Recuerda, también, que la educación de tu hijo de ahora en adelante será una asociación entre tú y sus profesores.

Cada niño responde de forma diferente a la experiencia del colegio, en función de un número de factores que incluyen la personalidad y el temperamento, así como las experiencias previas que puede haber tenido ya de estar fuera de casa. Algunos niños pueden estar muy angustiados, y en este caso es importante ponerse de acuerdo con los profesores sobre cómo manejar la situación de forma que, entre todos, podáis construir su confianza. Hasta este momento, tú has hecho todo lo que has podido para construir la autoestima de tu hijo, permitiéndole que «se ayude a sí mismo» siempre que sea posible; ahora que va a la escuela, puedes ayudarle a mantener esa confianza en sí mismo si le alientas a hacer las cosas que se esperan de él.

Ten en cuenta las siguientes guías cuando lo preparas para ir al colegio:

- Debería tener control de esfínteres y ser capaz de vestirse y desvestirse cuando va al baño. No le envíes al jardín de infancia con ropas que tengan cierres complicados.
- Proporciónale toda la experiencia que puedas de jugar con otros niños antes de que vaya al colegio, de manera que no se sienta anonadado cuando se una al grupo por primera vez.
- Refuerza su confianza para que hable con otros adultos y, si es posible, dale la oportunidad de que haga amigos fuera de la familia.
- Prepárate para el primer día. Llévale al colegio antes de la hora, para que se familiarice con los alrededores, y preséntalo a los profesores y a los otros niños.
- Nunca hables de él al profesor en su presencia de forma despectiva. Si hay algo que te preocupa, concierta una cita con el profesor, explícale tu punto de vista y pregúntale su opinión.

Asociación de padres y profesores

Un buen colegio tendrá reuniones regulares de padres, y puede tener una asociación de padres y profesores a la que te puedes asociar e implicarte en ella. Aparte de los evidentes beneficios educativos para tu hijo, también te proporciona una oportunidad de conocer a otros padres de tu vecindad.

Ayudar a tu hijo a aprender a leer

¿Deberías enseñar a leer a tu hijo en edad de preescolar? Ésta es una pregunta que plantean muchos padres. Descubrirás que las opiniones profesionales varían. Ha habido tantas investigaciones que ofrecen pruebas contradictorias, que los mismos profesores están aún debatiendo cuál es el enfoque más eficaz a utilizar: «mirar y decir» o «fonética» por mencionar sólo dos. Otras áreas en conflicto son si un niño tiene que haber alcanzado o no una determinada edad mental o coeficiente intelectual, si es de ayuda conocer primero los nombres de las letras, a qué edad se debería enseñar la fonética, qué sucede con las habilidades perceptivas. Se han derramado ríos de tinta sobre la materia de leer y no pretendo explicar aquí el proceso que implica o los diferentes enfoques utilizados para ayudar a un niño a que aprenda a leer. Lo que es importante que sepan los padres es que los niños en edad preescolar son capaces de aprender a leer y de hecho lo hacen, y, cuando los padres participan en el proceso, es incluso más probable que los resultados sean buenos.

El enfoque Montessori ha tenido éxito desde hace tiempo enseñando a leer a los niños a la edad de unos cuatro años. Originariamente, Montessori, que trabajaba en italiano, diseñó un método fonético en el que los niños aprendían con pasos sencillos. Así pues, se ha diseñado un enfoque moderno del método Montessori basado en investigaciones recientes, y, si tu hijo va a un colegio Montessori, es posible que lo esté utilizando. He descrito las actividades iniciales de este programa de lectura en la página 76, y puedes comenzar el proceso de lectura cuando tu hijo esté preparado.

Hay varias formas concretas en las que puedes ayudar a tu hijo a prepararse para leer.

Enriquecer el lenguaje

Antes de tratar de animar a tu hijo a que aprenda a leer, asegúrate de que le das una gran cantidad de experiencias que enriquecen su lenguaje. Háblale tanto como sea posible, haz que participe en conversaciones, enséñale palabras nuevas y cuéntale y léele cuentos. Muéstrale que leer es una experiencia divertida, de manera que aprenda a amar los libros. Sentado en tu regazo mirando los dibujos del cuento, poco a poco comenzará a percibir las palabras y a poder reconocer algunas de ellas. Implícale en el cuento estimulándole a que plantee preguntas y te diga lo que viene a continuación. A los niños les gusta que el mismo cuento se repita una y otra vez.

Canciones interpretativas, cuentos que se acompañan con juegos de manos y poemas

Al estar activamente implicados, los niños comprenden el significado de las palabras y mejoran la construcción de frases. Las canciones también presentan a los niños palabras nuevas y les ayudan a oír más fácilmente los sonidos de las palabras.

Las palabras del entorno

Otra forma de atraerle hacia la palabra escrita es señalándole las palabras escritas en el entorno. En el autobús o en el tren, por ejemplo, hay montones de signos para leer, y en el supermercado se indican por escrito las diversas secciones.

Dibujar

Anímale a que haga dibujos y a que te hable sobre ellos. Luego puedes escribir debajo: «Ésta es mamá con su vestido nuevo» o lo que corresponda. Él incluso te lo puede leer.

El valor de la lectura

Utiliza la biblioteca pública, y, al tiempo que sacas un libro para ti, llévale a la sección de literatura infantil y déjale que elija su propio libro. Visitad la librería y permítele que rebusque en la sección de niños. Desarrollar una buena actitud hacia la lectura es muy importante, pero recuerda: nunca le presiones para que lea. Ello vendrá naturalmente.

Juegos y actividades

Muchos de los juegos de este libro desarrollan las habilidades de percepción visual y auditiva que prepararán a tu hijo para leer. Los otros juegos mencionados en la sección de lectura introducen la fonética y las habilidades iniciales de lectura y escritura utilizando el enfoque de Montessori.

Ayudar a tu hijo a aprender matemáticas

Las matemáticas en conjunto tratan de relaciones en el entorno y de los símbolos abstractos que utilizamos para expresarlas, de manera que podamos comunicarnos con los demás. Por ejemplo, tres naranjas son más que dos.

Un niño pequeño llega a la etapa de la abstracción gradualmente, pero primero tiene que haber *experimentado* el mundo físico, seguido por el aprendizaje del *lenguaje* para describir la experiencia. Finalmente aprende el *símbolo* —la palabra o el número— que la representa.

Hay muchas razones por las que los niños experimentan dificultades con frecuencia a la hora de aprender matemáticas en la escuela. En este libro, me concentro en lo que se puede hacer en casa para prepararle a aprender con más facilidad.

Tiene que tener la mayor libertad posible en el mundo que le rodea, de modo que pueda construir un conocimiento sobre él. Necesita poder tocar las cosas, moverlas de un lado a otro, compararlas, subirse y bajarse de ellas, saltar por encima, hasta que comienza a hacerse una buena idea del tamaño de las cosas en comparación con él mismo.

Aprender los números implica tres etapas

La primera habilidad que hay que desarrollar es clasificar en *conjuntos*. Antes de que tu hijo pueda identificar, por ejemplo, tres coches como formando parte de un mismo «conjunto», necesita entender por qué pertenecen al mismo conjunto y, para hacer esto, tiene que ser capaz de reconocer las propiedades que los coches tienen en común.

Otra actividad es *casar* o *emparejar* un conjunto de objetos con otro. El niño necesita ser capaz, por ejemplo, de ver que en este conjunto hay una concha y una piedra en este otro, y que aquí hay otra concha y otra piedra, agrupándolas en parejas. Una vez que es capaz de hacerlo, puedes decirle que a esto le llamamos «una» concha, «dos» conchas, y así sucesivamente.

Otra habilidad necesaria es la de *comparar*. Con esto se quiere decir que un niño ha de comprender que cuatro piedras son más que dos. Una vez que entiende esto, puede colocar las cosas en *orden*.

La razón de explicar aquí estos conceptos educativos es la de que comprendas los pasos que supone y las experiencias que se necesitan en una situación de juego previa al aprendizaje formal del «número». Muchos padres enseñan a sus hijos a contar a base de memoria mecánica, y es bastante corriente que un niño de tres años sea capaz de recitar los números del uno al diez. Sin embargo, muchos de ellos no son capaces de identificar dos o tres o cuatro objetos.

Las actividades que se juegan en el hogar de un modo informal proporcionarán las experiencias necesarias para preparar a tu hijo para el trabajo formal con los números, que se introduce en un jardín de infancia Montessori entre las edades de tres y cuatro años, utilizando las varillas de números Montessori. El momento dependerá de si tu hijo está preparado; así pues, cuantas más experiencias viva en el hogar, más pronto esterá preparado.

Otra área importante de las matemáticas es la medida de la longitud, el peso, el volumen y la capacidad, y hay muchas oportunidades de proporcionar ejemplos de éstos en casa. Al cocinar, por ejemplo, puedes animar a tu hijo a que cuente, mida y pese los ingredientes.

La forma y el espacio constituyen otras experiencias matemáticas que se pueden desarrollar en el hogar, comenzando por actividades sencillas como emparejar las tapas de las cacerolas con las cacerolas correctas. Muchos de los juegos y actividades que se sugieren en este libro proporcionan una forma divertida de aprender estos conceptos.

Ayudar a tu hijo a aprender ciencias

La ciencia, en lo más básico, consiste en descubrirlo y comprenderlo todo. También consiste en cómo funcionan y cambian las cosas en nuestro entorno. ¡Qué mejor lugar para comenzar a aprender sobre todo ello que en casa y a su alrededor! Para sugerencias concretas en la cocina y en el cuarto de baño, véanse los apartados anteriores de este libro; y para ejemplos en el jardín y en la vecindad véanse los apartados pertinentes, más atrás en esta sección del libro.

Desde más o menos los tres años en adelante, tu hijo comenzará a preguntar «¿por qué?» en todo momento, y más o menos al cumplir los seis años algunas de las preguntas no las sabrás contestar.

Las etapas del desarrollo científico se han descrito ya al comienzo de este apartado, pero la gama de experiencias incluye aprender sobre la variedad de la vida, los procesos implicados en la vida misma, las influencias humanas sobre la tierra, los tipos y usos de los materiales, por mencionar sólo unos cuantos.

Ayudar a tu hijo a aprender historia

La historia trata de todo lo que ha sucedido en el pasado y, en esto también, la casa y su vecindad es un buen lugar para comenzar. La actitud correcta para aprender cualquier materia es importante, pero en el caso de la historia es esencial.

Los niños tienen una maravillosa fuerza de imaginación, y muchas personas creen que se debería canalizar en mundos de «mentirijillas», tales como jugar a papás y mamás, o reinos de fantasía, tales como «ositos de peluche que van a merendar al bosque». Montessori, por el contrario, sugería que esta fuerza se debería utilizar para imaginar el mundo real, y ella recomendaba que materias como la historia y la geografía, que tratan de ideas que están más allá del mundo inmediato de los niños pequeños, se enseñaran de esta forma.

En esencia, comprender la historia implica comprender el tiempo y poner las cosas en una secuencia. Para hacer esto, los niños pueden investigar el cambio, observar diferencias entre hecho y ficción. Es una buena idea presentar siempre un tema comenzando con algo importante y familiar para tu hijo en su propia vida y luego ayudarle a recopilar información en bibliotecas, museos, librerías, lugares históricos y programas de televisión, para construir un cuadro de cómo vivía la gente en el pasado.

Ayudar a tu hijo a aprender geografía

Como se ha mencionado anteriormente, Montessori creía que en la geografía tu hijo podía invocar su enorme fuerza de imaginación para pensar sobre las personas y los lugares lejanos.

Comienza por darle a tu hijo una buena comprensión y conocimiento del área donde vive, ampliándolo luego a otras áreas, ayudándole a identificar los parecidos y las diferencias entre ellas. La geografía física y humana están entre los diversos aspectos de este tema que se pueden investigar. También puede comenzar a desarrollar un conocimiento geográfico en la casa, el jardín y la vecindad; habilidades tales como seguir unas indicaciones, observar los alrededores, preguntar sobre cómo está hecho el mundo y hacer simples mapas pueden formar parte de la vida cotidiana.

Ayudar a tu hijo a desarrollar la creatividad

Estimular la creatividad es una parte importante del desarrollo de tu hijo, porque las actividades artísticas proporcionan un medio de identificarse y expresarse él mismo, así como oportunidades para el crecimiento intelectual, físico, social y emocional.

Cuando comienza a crear por primera vez, es importante permitirle la libre expresión y ofrecerle una gran cantidad de oportunidades para explorar los diferentes materiales y medios. En esto, el proceso es más importante que los resultados.

Ninguna de las sugerencias mencionadas requieren especialmente una gran cantidad de tiempo, y la mayoría se pueden incorporar a la vida cotidiana de tu hijo. Recuerda que el tiempo que tú mismo pasas con él le ayudará a hacer que sus experiencias de aprendizaje sean más gratificantes y amenas.

JUEGOS Y ACTIVIDADES

JUEGOS DE LENGUAJE Y LECTURA

Edad		*Pág.*
2 a 3	«Veo veo» en el jardín o en el parque u observando la naturaleza	139
3 a 4	El juego de la granja Montessori	141
4 a 6	Dixi	142

JUEGOS DE DESARROLLO SENSORIAL

Edad		*Pág.*
2 a 3	Clasificar frutas y verduras por el sabor, el tacto, el olor y el sonido	145
3 a 4	Tarros para oler hierbas aromáticas	145
4 a 5	Juego de las frutas	146
	Juego de las verduras	147
5 a 6	Grabaciones de sonido durante el paseo	148

JUEGOS DE MATEMÁTICAS

Edad		*Pág.*
2 a 3	Clasificar y agrupar conchas y piedras	149
3 a 4	Actividades de ordenar con ramas y flores	149
4 a 6	Loto de colores y contar	150

JUEGOS DE CIENCIAS Y NATURALEZA

Edad		*Pág.*
2 a 3	Fotografías del entorno natural	151
3 a 4	Tarjetas de clasificación de animales y plantas	152
4 a 5	Tarjetas de botánica y zoología; partes de animales y plantas	153
5 a 6	El juego de levantar tarjetas	155

JUEGOS DE HISTORIA

Edad		Pág.
2 a 3	Medir el tiempo	156
4 a 5	Calendario anual	157
5 a 6	La sombra y el reloj de sol	158

JUEGOS DE GEOGRAFÍA

Edad		Pág.
2 a 3	Trans	160
3 a 4	Formas de la tierra	161
4 a 5	Secuencias del campo a la mesa	161
5 a 6	Modelos de la ciudad y mapas	162
5 a 6	Juego de seguridad vial	165

ACTIVIDADES DE ARTE Y MANUALIDADES

Edad		Pág.
2 a 3	Estampar con frutas y verduras	166
3 a 4	Calcar	167
4 a 5	Modelar y tallar con materiales naturales	168
5 a 6	Diseños con cordones	168

Juegos de lenguaje y lectura

«Veo veo» en el jardín o en el parque u observando la naturaleza (edad de 2 a 3 años)

Cómo ayuda a tu hijo

Este juego lo conoce todo el mundo, pero es especialmente bueno para preparar a los niños para escuchar los sonidos de las palabras. Si consigues que tu hijo se habitúe a los sonidos fonéticos antes de que se los enseñen aisladamente, será más fácil.

Qué necesitas

Estar simplemente en el jardín o en el parque para jugar al «veo veo».

Una caja de objetos, tales como un gato, un perro, un lápiz, una taza, etc., para el otro juego.

Cómo se juega

1. En el juego tradicional del «veo veo» le dices a tu hijo: «Veo, veo, una cosita que empieza por la "p"» y él tiene que adivinar qué es lo que ves. Aquello a lo que te refieres en tu ojo mental tiene que estar presente, de manera que el niño con el que juegas pueda utilizar su capacidad de observación para verlo y designarlo. Si estás en el jardín, por ejemplo, puedes estar mirando a un «pájaro», que es «algo que empieza por la "p"».

2. El juego se puede modificar de manera que le des a tu hijo experiencia en escuchar los sonidos iniciales, por ejemplo: «Veo un pájaro que empieza por la "m" (mirlo)»; los sonidos centrales: «Veo un animal que tiene en medio la letra "n" (conejo)»; los sonidos finales, por ejemplo: «Veo una flor que termina por la "a" (rosa)».

No olvides jugar por turnos, de manera que se cambien los papeles y tu hijo haga también que tú adivines.

3. Otros juegos fonéticos se pueden jugar en casi cualquier situación: en el aeropuerto, en el parque, mientras viajáis en autobús o vais de viaje en coche. Si quieres, puedes utilizar objetos para ayudar a tu hijo a aprender sonidos concretos. Por ejemplo:

a) Coloca dos objetos, como una taza y un lápiz y dile a tu hijo: «Estoy mirando al que empieza por "l"».

b) Luego extiende unos cuantos objetos, como un pato, un plato, un perro y un gato, y pídele que te diga los nombres de los objetos y que te diga dónde se esconde el «que no encaja»: es el perro.

El juego de la granja Montessori (edad de 3 a 4 años)

Cómo ayuda a tu hijo

Éste es un juego valioso para desarrollar las habilidades del lenguaje.

Qué necesitas

Modelos de edificios y animales de una granja.

Un tapete de fieltro en el que colocar los animales. Tarjetas de lectura sencillas y más complicadas.

Cómo se juega

El juego se puede desarrollar en tres etapas.

La *primera etapa* es simplemente una actividad de enriquecimiento del lenguaje.

1. El niño coloca los animales y los mueve por toda la granja, hablando de lo que sucede.
2. Tú puedes mover, por ejemplo, las vacas y llevarlas desde el establo al campo y preguntar qué está sucediendo.

La *segunda etapa* se juega cuando tu hijo está empezando a leer. Se utilizan palabras de una o dos sílabas sencillas, muy familiares, como casa, vaca, mesa, perro, gato, lobo, mamá, papá, malo...

1. Coloca los objetos: vaca, perro, gato, lobo.
2. Dale a tu hijo las correspondientes tarjetas de lectura y pídele que pronuncie las palabras.
3. Luego coloca las tarjetas junto a los objetos.
4. En su momento puede hacer una frase, por ejemplo: «El lobo es malo».

La *tercera etapa* es para niños mayores, digamos de cinco años en adelante, cuando el niño lee bien y las palabras que es capaz de leer no son necesariamente sencillas, sino que pueden ser palabras más largas con esquemas de sonido más complejos. Juega con la granja y construye frases, por ejemplo: «El hombre lleva a los cerdos a la pocilga».

Dixi (edad de 4 a 6 años)

Se puede jugar en su forma más sencilla y luego se puede hacer más complejo a medida que el niño crece.

Cómo ayuda a tu hijo

Éste es un juego que estimula el desarrollo del lenguaje de tu hijo. Es especialmente de ayuda, puesto que desarrolla el vocabulario, las habilidades de escuchar y de comunicación, alentando al niño a utilizar frases completas, todo lo cual es una preparación importante para la lectura. También está diseñado para jugar en grupo, lo que desarrolla la cooperación.

Qué necesitas

Este juego está disponible en el mercado o se puede hacer en casa.

Un tablero octogonal, dividido en 16 cuadrados, algunos de los cuales son de color morado. Hay también «caminos» diagonales en el tablero (véase ilustración en la página 144).

4 fichas y un dado.

48 dibujos que representen lo siguiente: casa, pelota, gigante, cabaña, bolsa, coche, puente, caja, barco, televisión, teléfono, árbol, ratón, ventana, sombrero, rana, niño, cámara, pájaro, hombre, escoba, queso, bruja, calle, muñeca, duende, plátano, monedero, avión, reloj, sol, pez, libro, rosa, león, espejo, océano, gato, cama, jaula, perro, niña, carta, pastel, mujer, maleta, luna, elefante.

Para hacer el juego en casa, recorta dibujos o fotografías de estos objetos de revistas viejas y haz un tablero de cartón duro. Si no tienes fichas, puedes utilizar fichas de colores de otro juego.

Cómo se juega

Para 2 a 4 jugadores.

El primer paso es ayudar a tu hijo a familiarizarse con los diferentes dibujos, asegurándote de que los puede identificar y designar. También se le podría animar a que hable de la posible relación entre dos dibujos, tales como el gato y la ventana. Por ejemplo: «El gato estaba mirando por la ventana», o bien «El gato saltó por la ventana».

Juego introductorio

1. Selecciona 16 dibujos y colócalos boca arriba en las esquinas del tablero de juego. Los restantes dibujos se colocan boca abajo, al lado del tablero.
2. Cada jugador elige una ficha y la coloca en el centro del tablero.
3. Se lanza el dado para ver quién comienza a jugar. Sale el número más alto. El primer jugador echa el dado y se mueve a lo largo de uno de los caminos diagonales, por ejemplo, tres puestos. Si el jugador cae en un cuadrado morado, toma el dibujo que está a su lado.
4. Selecciona también un dibujo al lado del tablero de juego y trata de construir una frase lógica, por ejemplo: «La mujer se comió un plátano».
5. Si es capaz de construir una frase, conserva los dibujos.
6. Luego le toca el turno al siguiente jugador y así sucesivamente hasta que se han acabado todas las tarjetas.
7. Si uno cae en el terreno de la ficha de otro jugador, tiene que retroceder al centro del tablero. Gana el jugador que tiene más dibujos.

Variante para niños más pequeños

Para hacer el juego más adecuado a la situación de tu hogar, limita los dibujos a objetos que son familiares a los niños. Utiliza dibujos de aparatos del hogar, muebles, alimentos, plantas, per-

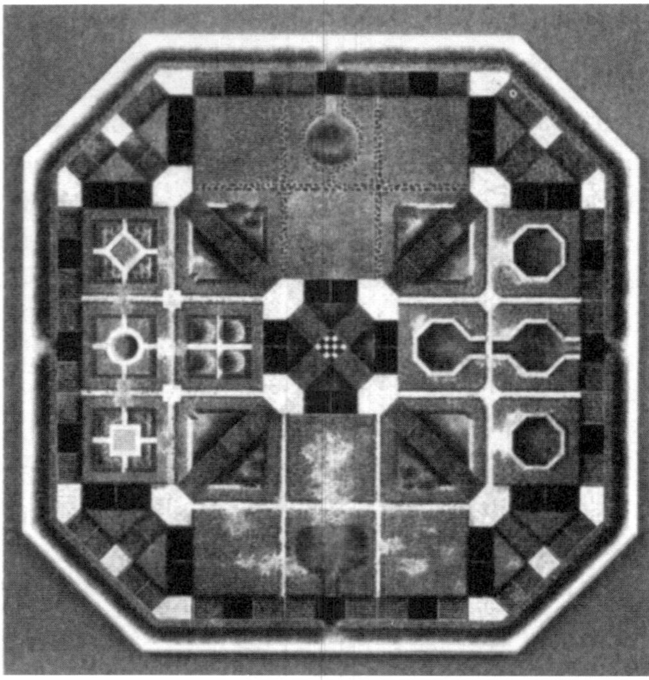

El tablero para Dixi se puede simplificar si lo haces en casa. Dibuja 16 cuadrados como se indica, dividiendo cada grupo de cuatro con un camino diagonal de cuadrados más pequeños (para que se muevan por él las fichas). Los pequeños cuadrados oscuros en el centro y en ángulo recto hacia fuera del tablero a la izquierda deben ser morados.

sonas que vienen y fotografías de los mismos niños, los padres y otros familiares, los animales domésticos, etc., de modo que las historias y las frases que construyen tengan significado para su propia experiencia.

Variante para niños mayores

El juego se puede hacer más difícil para los niños mayores pidiéndoles que tomen más dibujos para construir una frase más larga e incluso una historia corta. Si la frase o la historia no es verosímil, otro jugador puede retarlo diciendo: «Lo dudo». Al jugador que tiene el dibujo se le da otra oportunidad más para construir una frase, o tiene que devolver los dibujos al tablero.

JUEGOS DE DESARROLLO SENSORIAL

Clasificar frutas y verduras por el sabor, el tacto, el olor y el sonido (edad de 2 a 3 años)

Cómo ayuda a tu hijo

A esta edad, un niño responde a todo con los sentidos. A diario aprende cosas nuevas, construyendo gradualmente el conocimiento y el vocabulario. Todas las cosas que se te ocurran que le ayuden a aprender sobre las frutas y las verduras que normalmente coméis en la familia contribuirán a este conocimiento.

Qué necesitas

Una colección de frutas, digamos, una manzana, una naranja, un plátano, una fresa, unas uvas, etcétera.

Una colección de verduras, digamos, una col de Bruselas, una zanahoria, un brécol, un repollo, una patata, un puerro, unas espinacas, etcétera.

Cómo se juega

1. Alinea una de cada una de las frutas o verduras.
2. Deja que tu hijo tome cada una de ellas, la palpe, la huela, tal vez la agite para ver si hace ruido y lo describa.
3. Sugiérele luego que cierre los ojos y, una a una, colocas la fruta o la verdura en su mano y le dices que te hable de ella. Puedes preguntar cosas como: «¿Es suave?», «¿Cómo huele?», «¿Te gusta?», «¿Qué es?».
4. Con las frutas puedes cortar un trozo de cada una y decirle que lo pruebe y te diga lo que es. A los niños les encanta este juego.

Tarros para oler hierbas aromáticas (edad de 3 a 4 años)

Cómo ayuda a tu hijo

Esta actividad dirige la atención a los diferentes olores de las hierbas que crecen en el jardín, en tiestos en la ventana de la cocina o que se compran en el supermercado. Aumenta el vocabulario de tu hijo y le da un nuevo conocimiento.

Qué necesitas

Guarda tarros viejos de hierbas aromáticas hasta que tengas ocho. Luego toma las hierbas aromáticas que tú coseches o utiliza las que compras.

Compón cuatro pares de tarros para oler con, digamos, orégano, estragón, romero y menta. No pongas etiquetas en los tarros.

Como alternativa, se pueden comprar las hierbas aromáticas en el comercio.

Cómo se juega

1. Con los ojos cerrados, pídele a tu hijo que huela los tarros y los empareje.
2. Luego puede decir cómo se llaman.
3. Después, podría tal vez comparar los olores, o bien con las plantas reales, o bien con algún dibujo o fotografía de ellas.
4. Comenta para qué se utilizan las hierbas y déjale que experimente la diferencia en sabor cuando se añaden a un determinado alimento.

Juego de las frutas (edad de 4 a 5 años)

Cómo ayuda a tu hijo

Este juego ayuda a tu hijo a familiarizarse con una variedad de diferentes frutas y también ayuda al desarrollo del lenguaje y la percepción visual. Es un juego adecuado para jugar después de manejar la fruta real y de identificarla a través de los sentidos.

Qué necesitas

4 tableros de lotería.

48 tarjetas pequeñas, 24 con dibujos de las frutas enteras y 24 con los dibujos de las frutas cortadas.

Las frutas pueden ser albaricoque, melón, kiwi, mango, melocotón, granada, manzana, cereza, limón, naranja, pera, mora, aguacate, uva, lichi, papaya, piña, fresa, plátano, fresquilla, mandarina, níspero, ciruela y sandía.

Cómo se juega

Para 2 a 4 jugadores.

1. Dale a cada niño uno o dos tableros de lotería.
2. Coloca las tarjetas de frutos hacia arriba, en medio de la mesa.
3. Por turno, cada niño toma una tarjeta de una fruta e intenta emparejarla con un dibujo de su gran tablero de lotería.
4. El juego termina cuando uno de los niños ha llenado su tablero de lotería.
5. Una variante del juego se puede jugar utilizando tanto la fruta partida como la entera.

Juego de las verduras (edad de 4 a 5 años)

Cómo ayuda a tu hijo

Igual que con el *Juego de las frutas,* este juego ayuda a tu hijo a familiarizarse con más productos vegetales y desarrolla el lenguaje y la percepción visual.

Qué necesitas

4 tableros de lotería.

48 tarjetas pequeñas con dibujos de verduras, 24 con verduras enteras y 24 con verduras cortadas.

Las verduras son alcachofa, berenjena, remolacha, apio, brécol, zanahoria, coliflor, pimiento, pepino, hinojo, ajo, lechuga, puerro, cebolla, pimentón, patata, cardo, rábano, ruibarbo, berza, habas, maíz, tomate, calabaza.

Cómo se juega

Para 2 a 4 jugadores.

Se juega como el *Juego de las frutas* (véase antes), incluyendo la variante del punto 5.

Grabaciones de sonido durante el paseo (edad de 5 a 6 años)

Cómo ayuda a tu hijo

Aparte de la razón evidente de hacer más interesante un paseo por el campo o por el parque, puedes ayudar a tu hijo a ser más consciente del mundo a su alrededor y enseñarle cosas nuevas.

Qué necesitas

Si tienes una grabadora de cintas, puedes hacer una grabación y llevarla a casa para una conversación de seguimiento, pero, si no la tienes, puedes de todas formas dar un «paseo de escuchar».

Cómo se juega

1. En el paseo, puedes decidir, o bien no hablar en absoluto y escuchar todo lo que se oye y tratar de recordarlo después, o bien deteneros regularmente, sentaros y escuchar.
2. Luego pregúntale a tu hijo qué sonidos ha oído y pídele que te diga lo que cree que pueden ser los sonidos. En el bosque o a la orilla del mar, este tipo de paseo puede ser muy gratificante y divertido.
3. Más tarde, puede oír la cinta y decirte lo que recuerda del paseo.

Juegos de matemáticas

Clasificar y agrupar conchas y piedras (edad de 2 a 3 años)

Cómo ayuda a tu hijo

Desarrolla las habilidades prenuméricas.

Qué necesitas

Una colección de conchas recogidas en la playa cuando vayáis de paseo o piedras encontradas en el jardín o en el parque.

Cómo se juega

1. Mientras tu hijo maneja las conchas y las piedras, háblale sobre las semejanzas y diferencias. ¿Qué es lo que hace que una piedra sea una piedra? ¿Puedes encontrar otra piedra como ésta? O ¿a qué se parece una concha y qué forma tiene?
2. Dale luego dos recipientes vacíos, por ejemplo, dos cajas de zapatos o cestos pequeños, y pídele que ponga las piedras en una caja y las conchas en otra.
3. Después de hacerlo con los ojos abiertos, puede intentar hacerlo con los ojos cerrados o con un antifaz.
4. Después podrías sugerirle que clasifique las piedras o las conchas de acuerdo con el tamaño, la forma o el color.
5. Los padres pueden idear muchas variaciones de estas actividades, porque hay oportunidades sin fin, a lo largo del día, de clasificar diversas cosas.

Actividades de ordenar con ramas y flores (edad de 3 a 4 años)

Cómo ayuda a tu hijo

Estas actividades le dan a tu hijo más práctica en ordenar.

Qué necesitas

Una colección de materiales naturales recogidos del jardín o de un paseo por los alrededores, tales como ramas y flores.

Cómo se juega

Con las ramas recogidas, por ejemplo, pídele a tu hijo que busque la más corta, luego la que es un poco más larga, y así sucesivamente, hasta que las haya puesto en orden de longitud. Puedes hacerlo con flores, seleccionando el tono de los pétalos o el tamaño del tallo.

Loto de colores y contar (edad de 4 a 6 años)

Cómo ayuda a tu hijo

Esta actividad desarrolla una diversidad de habilidades, incluyendo el emparejamiento por colores y el reconocimiento de los números. El niño practica el reconocimiento de números contando las cantidades y luego asociando el número adecuado con ellas. El material también se puede utilizar para darle práctica en hacer sumas sencillas.

Qué necesitas

10 pares de escenas de pollos o de otros animales codificadas por colores, sobre tarjetas rígidas.

Juegos de tarjetas, cada una con un número, un signo matemático como más o menos, o un punto o puntos impresos (véase fotografía en la página siguiente). Las tarjetas con puntos deberían corresponder a una tarjeta numérica (1 a 10).

Cómo se juega

1. Comienza emparejando los pares de tarjetas de animales, utilizando el color como guía.
2. Cuenta el número de pollos o animales en cada par de tarjetas.
3. La tarjeta con el número de esa cantidad se puede asociar ahora con el dibujo.
4. A continuación, empareja la tarjeta de número con el número correspondiente de puntos.

(Izquierda) En el *Loto de colores y contar*, primero empareja los pollos por color, luego identifica el número de pollos que hay. Los números se pueden ordenar luego del 1 al 10. *(Derecha)* Después, los números se pueden asociar con la misma cantidad de puntos y, posteriormente, se puede construir el total con dos cantidades más pequeñas de puntos.

5. Ordena el número emparejado y las tarjetas de puntos en la secuencia del 1 al 10.
6. Añade las tarjetas de signos matemáticos al juego colocando la que corresponda con las tarjetas pertinentes de números y puntos para sumar los totales.
7. Utiliza otras combinaciones, independientes del color, para crear sumas diferentes. Utiliza más de dos tarjetas coloreadas para crear otras sumas. El orden de dibujos y símbolos se puede cambiar también para hacer otras combinaciones.

Juegos de ciencias y naturaleza

Fotografías del entorno natural (edad de 2 a 3 años)

Cómo ayuda a tu hijo

Después de un paseo por el campo o incluso de un tiempo pasado en el jardín observando la naturaleza, podéis mirar juntos fotografías o libros sobre el entorno natural. Anímale a que hable sobre las fotografías que ve y dale nuevas palabras e informaciones.

Puedes completar su aprendizaje haciendo etiquetas para colocarlas junto a las fotografías y puedes utilizar las tarjetas de zoología y botánica de Montessori para enseñar a tu hijo más cosas sobre cada planta y animal.

Cómo se juega

Lo puedes convertir en juego pegando las fotografías en una tarjeta gruesa y luego cortando cada una de ellas en cuatro, seis y ocho piezas, para hacer un rompecabezas. Puede jugar él solo con las piezas, juntando los dibujos de nuevo.

Tarjetas de clasificación de animales y plantas (edad de 3 a 4 años)

Cómo ayuda a tu hijo

Estos dibujos de animales y plantas exponen a tu hijo a una amplia variedad de cosas vivas, proporcionando la ocasión de comentarios que a su vez aumentan su conocimiento y contribuyen al desarrollo del lenguaje.

Qué necesitas

Haz una colección de dibujos o fotografías. Se pueden recortar de revistas viejas o de libros baratos.

Los animales podrían incluir una variedad de mamíferos, aves, peces, reptiles e insectos.

Los dibujos de los grupos se deben montar sobre tarjetas con códigos de colores, de manera que cuando se clasifican en tipos tu hijo pueda comprobar si las ha clasificado correctamente.

Las plantas podrían incluir dibujos de flores silvestres y cultivadas. Éstas también se deberían montar sobre tarjetas con códigos de colores.

Las tarjetas de botánica de Montessori (véanse sugerencias más adelante) se pueden preparar fácilmente en casa.

Árboles

Grupo 1 - Partes del árbol
Grupo 2 - Lo que hacen las hojas
Grupo 3 - Flores de árboles
Grupo 4 - Frutas y semillas de árboles
Grupo 5 - Animales que viven en los árboles
Grupo 6 - Plantas que viven de los árboles
Grupo 7 - Usos de los árboles

Flores

Grupo 1 - Partes de la flor
Grupo 2 - Polinización por los insectos
Grupo 3 - Polinización por el viento
Grupo 4 - Cómo crecen las semillas
Grupo 5 - Cómo trabajan juntos las flores y los insectos

Cómo se juega

1. Ésta es una actividad que se debería introducir después de que tu hijo haya estado fuera contigo y observado animales o plantas en su entorno natural, si es que es posible.

2. Sentado con tu hijo, repasad los diferentes dibujos de animales, hablando sobre ellos y diciéndole a qué grupo pertenecen y qué es lo que los distingue como ave, insecto, reptil o mamífero. Designad los animales y hablad sobre el lugar en donde viven y lo que comen.

3. Haz luego que tu hijo clasifique los dibujos él solo y comprobad si lo ha hecho correctamente.

4. Haz lo mismo con los dibujos de plantas.

Tarjetas de botánica y zoología; partes de animales y plantas (edad de 4 a 5 años)

Cómo ayuda a tu hijo

Estas actividades ayudan a tu hijo a adquirir más conocimientos y enriquecen su vocabulario.

Qué necesitas

Conjuntos de tarjetas hechas en casa que muestren diferentes partes de animales y plantas. Elige animales tales como un conejo, una vaca, un pájaro, un insecto, una tortuga, y para las plantas, propongo comenzar con una flor, una hoja y un árbol.

Dibuja primero el perfil del animal, pájaro o planta, luego cálcalo cinco o seis veces.

En el dibujo de cada tarjeta colorea, digamos, una parte del pájaro, por ejemplo, el pecho, la cabeza, el pico, las alas, las patas (véase la fotografía más arriba).

Haz dos series de cada animal o planta y una serie de tarjetas de lectura nombrando las partes de cada una.

Cómo se juega

1. La primera actividad es que tu hijo empareje las tarjetas y nombre las partes.

2. Posteriormente, puede leer las palabras «pecho», «cabeza», «pico», «ala» y «patas» y colocar estas tarjetas de lectura al lado de los dibujos correspondientes.

El juego de levantar tarjetas (edad de 5 a 6 años)

Cómo ayuda a tu hijo

Este juego de emparejar y ordenar aumenta el conocimiento de tu hijo sobre la naturaleza y le ayuda a desarrollar conceptos nuevos. También estimula el pensamiento lógico y la solución de problemas.

Qué necesitas

Un tablero circular con piezas extraíbles de colores alrededor del exterior (véase fotografía en la página siguiente).

Tarjeta de ejercicio por dos lados, mostrando un lado, una selección de, digamos, colas de animales y los animales a los que pertenecen, huellas de animales y animales, animales y los lugares donde viven, el ciclo de vida de un pollo o de una mariposa, los pasos que supone hacer una telaraña, y así sucesivamente. Todos los dibujos deberían tener códigos de color para corresponderse con una pieza de color extraíble (véase fotografía). El otro lado es el código de color del emparejamiento u ordenamiento correcto.

Cómo se juega

1. Dile a tu hijo que elija una de las tarjetas del ejercicio y la coloque en el tablero. El lado con los círculos alrededor de los dibujos individuales debe estar boca arriba.
2. Pídele que retire las piezas coloreadas del borde del tablero de la actividad.
3. El niño comienza con cualquiera de los dibujos interiores, por ejemplo, un loro (como aquí), e intenta encontrar su «casa» (la jaula del pájaro) en las series exteriores de dibujos.
4. Luego elige la pieza coloreada que corresponde al círculo del loro y la coloca al lado de la jaula. El niño continúa de esta forma hasta que todas las piezas se han emparejado y colocado alrededor del tablero.
5. Después da la vuelta a la tarjeta del ejercicio, y el exterior

de ésta debería corresponderse con los colores del exterior del tablero de la actividad. Esto funciona como un control de errores.

JUEGOS DE HISTORIA

Medir el tiempo (edad de 2 a 3 años)

Cómo ayuda a tu hijo

Estas actividades proporcionan experiencia de medir cortos períodos de tiempo. A esta edad, pocos niños son capaces de contar más de dos o tres, por lo que no esperamos medir el tiempo pasado en unidades estándar, sino más bien dejar al niño que experimente un período de tiempo en comparación con otras cosas que suceden en su vida.

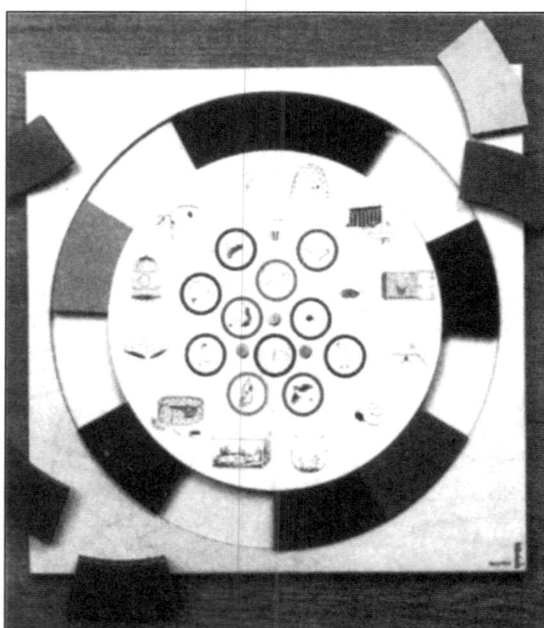

El juego de levantar tarjetas comienza como un juego de emparejar, colocando juntos los animales con sus hogares correspondientes (como se muestra aquí). Las piezas de color extraíbles exteriores actúan como un control de errores cuando las tarjetas «se levantan».

Qué necesitas

Varios relojes de arena o avisadores de cocina, uno de una hora. (Estas actividades se pueden llevar a cabo tanto dentro de casa como en el jardín.)

Cómo se juega

1. Comienza con un reloj de arena de un minuto. Deja que tu hijo observe cómo pasa la arena por el cristal y luego dile que ha pasado un minuto.
2. Podrías sugerirle que cierre los ojos durante un minuto y que te diga cuándo ha acabado el minuto.
3. Luego podrías sugerirle que mientras tú haces algo, como llenar la regadera del grifo del jardín, compruebe si te lleva más de un minuto.
4. Cuando sea mayor, puedes darle experiencias de períodos de tiempo más largos, como una hora. Enséñale a usar un avisador de cocina de una hora. Explícale que una hora es mucho tiempo.
5. Proponle que haga algo durante una hora y ya verás que no para de mirar si ha pasado la hora, porque no esperaba que fuera tan larga.

Calendario anual (edad de 4 a 5 años)

Cómo ayuda a tu hijo

Le da una representación pictórica del tiempo y ayuda al niño a hacerse una idea de la secuencia de los acontecimientos.

Qué necesitas

Una hoja larga de papel o de plástico, aproximadamente de 150 cm de largo y 12,5 cm de ancho (se podría hacer una mucho más larga si dispones del espacio necesario para extenderla en el dormitorio de tu hijo o en cualquier otro lugar de la casa).

Marca 12 secciones iguales y titúlalas con los meses del año.

(Los niños de esta edad, en un colegio Montessori, es probable que ya sepan leer.)

Necesitas también una colección de dibujos, o puedes pedir a tu hijo que los haga.

Cómo se juega

Tal vez te agrade iniciar esta actividad al comienzo del año o quizás en el cumpleaños de tu hijo, o cuando suceda algo significativo, como el comienzo de la escuela o si os mudáis de casa.

1. Háblale de lo que vais a hacer durante el próximo año, cuándo vais a ir de vacaciones, cuándo será Navidad y Pascua, o cualquier otro acontecimiento o vacaciones que celebre tu familia. Intenta encontrar dibujos adecuados a estos acontecimientos y colócalos en el calendario.
2. Al comienzo de cada mes, hablad sobre cómo es el tiempo climático, qué ha sucedido en el jardín; es posible que las hojas estén comenzando a amarillear y a caer, etc. Podéis recopilar otras cosas mencionadas en este libro, como la cantidad de lluvia caída cada mes o la temperatura en el exterior.
3. Al final del año, tu hijo y tú habréis compuesto una ilustración de las cosas que han sucedido, y podéis sentaros juntos y hablar de ellas. A los niños les encanta hacer esto, y a ti te parecerá interesante descubrir las cosas que más recuerda.

La sombra y el reloj de sol (edad de 5 a 6 años)

Cómo ayuda a tu hijo

A base de observar cómo se mueve la sombra, tu hijo comenzará a desarrollar una comprensión de cómo el sol afecta a la tierra y cómo medimos el tiempo.

Qué necesitas

Un poste de alrededor de 20 cm de largo.
Una hoja de papel grande.

Un tablero de madera, con la esfera del reloj que puedes dibujar tú mismo.

¡Sobre todo, necesitas un día de sol!

Cómo se juega

1. A los niños les encanta jugar con sombras. Tu hijo intentará atrapar su propia sombra o la tuya, e intentará estar delante, detrás y al lado de la suya.

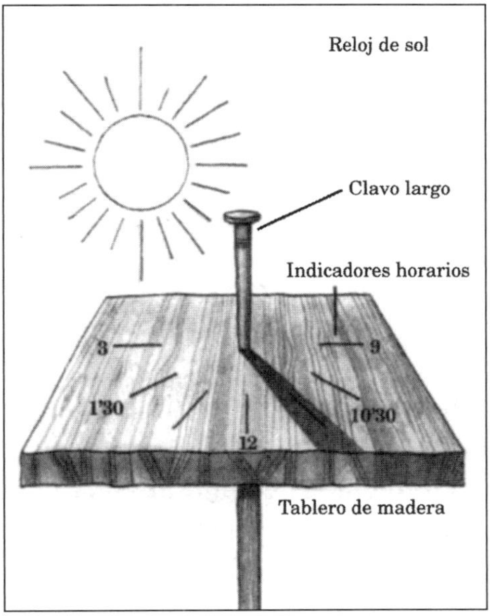

2. Enséñale cómo se mueven las sombras colocando una gran hoja de papel en algún lugar del jardín, dile que se ponga de pie sobre ella y dibuja el contorno. Indica la hora en el papel.

3. A intervalos regulares, volved al mismo lugar y ayúdale a dibujar de nuevo el contorno de su sombra.

4. O podrías clavar un palo en la tierra y registrar el movimiento de la sombra a intervalos regulares.

5. Luego haz un reloj de sol utilizando el tablero de madera y el clavo largo. Marca la sombra del clavo a intervalos regulares, construyendo así una esfera de reloj.

Juegos de geografía

Trans (edad de 2 a 3 años)

Cómo ayuda a tu hijo

Esta actividad amplía el vocabulario de tu hijo y le ayuda a reforzar las experiencias de viajes que puede tener después de una salida o un viaje. También se puede utilizar para reforzar la orientación izquierda/derecha.

Qué necesitas

3 tableros de actividad que representen aire, agua y tierra en un lado y muestren en el otro lado los medios de transporte adecuados por aire, mar y tierra.

27 tarjetas con dibujos de diversos medios de transporte. Si pretendes hacer el juego en casa, utiliza recortes de revistas.

Cómo se juega

1. El primer paso es pedir a tu hijo que case las tarjetas de los dibujos sobre los bosquejos en los tableros de la actividad.
2. A continuación, podéis comentar cada medio de transporte y dónde es probable que se encuentre. «¿Se utiliza por tierra, por mar o por aire?» Algunos de los menos corrientes resultarán nuevos a los niños pequeños.
3. El siguiente paso es darle la vuelta al tablero de actividad hacia el lado en blanco que sólo muestra aire, tierra y agua. Dile ahora a tu hijo que coloque los dibujos en el lado correcto del tablero.
4. Puede comprobar si lo ha hecho correctamente dando otra vez la vuelta al tablero.
5. Para los niños mayores, las otras posibilidades son comentar sobre lo rápido o lo lento del transporte o si es moderno o anticuado.
6. A niños de cuatro años más o menos en adelante, les puedes pedir que coloquen todos los medios de transporte mirando hacia la izquierda o bien hacia la derecha.

Formas de la tierra (edad de 3 a 4 años)

Cómo ayuda a tu hijo

Como actividad que se introduce en la etapa de la *vida diaria,* se puede iniciar ya a los tres o cuatro años. Prepara indirectamente a tu hijo para trabajos de geografía abstractos mucho más adelante, pero en esta etapa servirá para enriquecer su vocabulario.

Qué necesitas

Bandejas de asar.
Plastilina o barro de modelar.
Una jarra de agua.
Haced modelos en plastilina de un lago y una isla.

A medida que tu hijo se haga mayor, podéis hacer otros modelos de accidentes geográficos como una península, un golfo, una bahía, un cabo, un estrecho, un istmo.

Cómo se juega

Es mejor practicar esta actividad después de una salida en la que habéis visto un lago o visitado una isla.

1. Enséñale al niño a echar algo de agua en la bandeja que representa el lago.
2. Luego déjale que lo haga él y dile que una isla es un trozo de tierra rodeado de agua. Con el lago, él ve que es un trozo de agua rodeado de tierra.
3. Actividades de seguimiento son buscar charcos en el jardín que parecen lagos, o hacer lagos e islas cuando está jugando en la playa o a la orilla del mar.

Secuencias del campo a la mesa (edad de 4 a 5 años)

Cómo ayuda a tu hijo

Después de una visita al supermercado o tal vez a una granja próxima, o incluso después de un paseo en el que habéis observado el campo y visto las vacas y las ovejas pastando, o visto crecer el trigo, podéis seguir esto con la historia de cómo las cosas llegan desde el campo a la mesa. Le proporcionas a tu hijo información y amplías su vocabulario.

Qué necesitas

Construir tarjetas de actividad para que funcionen con el tablero «Levantar tarjetas». Éstas podrían ser la historia de la leche y la secuencia sería las vacas pastando, recoger a las vacas para ordeñar, la máquina de ordeñar, el camión cisterna que recoge la leche, la planta de embotellado, el camión de la leche, la caja de leche en los estantes del supermercado o las botellas de leche a la puerta, y finalmente la leche en una jarra sobre la mesa del desayuno familiar (véase el diagrama en la página siguiente).

Otras posibilidades son el pan y los cereales.

Cómo se juega

1. Cuéntale a tu hijo la historia del viaje de la leche y muéstrale la secuencia en los dibujos en la tarjeta de la actividad.
2. Luego déjale que juegue al *Juego de levantar tarjetas* (véase pág. 155) y compruebe si lo ha hecho correctamente.
3. Una vez que le has inculcado la idea de todas las cosas que suceden antes de que los alimentos lleguen a las estanterías del supermercado y a vuestra mesa de comedor, te encontrarás con que tu hijo comienza a plantear la pregunta: «¿De dónde viene esto?». También podrías hacer una colección de los diferentes paquetes de quesos y comentar todos los productos derivados de la leche.

Modelos de la ciudad y mapas (edad de 5 a 6 años)

Cómo ayuda a tu hijo

Estas actividades ayudan a tu hijo a desarrollar una conciencia de las relaciones espaciales y las habilidades perceptivas, al tiempo que le preparan para utilizar mapas de tu propia vecin-

dad o de diferentes países. Las actividades son también excelentes para el desarrollo del lenguaje y para aprender y enseñar un segundo idioma.

Qué necesitas

2 modelos de ciudades o granjas unidos por un separador (véase la fotografía en la página siguiente).

2 láminas de cada escena.

Una caja de figuras apropiadas. Podrían incluir, digamos, 10 vacas, 5 camiones, 5 coches, 3 niños, 3 cabras, 5 caballos, 3 patos, 3 pollos, 3 hombres de pie, 3 árboles, 2 verjas, un banco, un hombre sentado, un poste de entrada, un puente, un gallo y un perro.

Tarjetas de actividad de manera que el niño pueda jugar solo o con algún amigo.

Cómo se juega

1. Primero ayuda a tu hijo a familiarizarse con los modelos y a hablar de las escenas.

2. Luego prepara dos escenas idénticas de la ciudad o de la granja.

3. Comienzas colocando los modelos sobre la escena y describiendo dónde pones cada objeto.
4. Tu hijo intenta copiar las acciones de tus instrucciones verbales.
5. Después de un rato, podéis comprobar si las dos escenas son iguales y los modelos están en el mismo lugar.
6. Esta actividad se puede invertir, dando tu hijo las instrucciones.
7. Si quiere jugar él solo, puede seguir una tarjeta de actividad y seguir un esquema determinado.
8. Después de jugar a este juego durante un rato, podrías ampliar las actividades introduciendo dibujos en dos dimensiones de los objetos, de manera que lo que se ha creado parezca más un mapa.
9. Por último, tu hijo debería ser capaz de dibujar un mapa de su propia casa, del jardín, la calle o la localidad.

La versión comercial de este juego, denominada *Dubbledam*, se presenta con una diversidad de otras sugerencias de actividades que ampliarán los conocimientos de tu hijo.

Juego de seguridad vial (edad de 5 a 6 años)

Cómo ayuda a tu hijo

Este juego te ayudará a reforzar la idea de precaución en las calles y carreteras, y por dónde y cuándo se puede cruzar sin riesgos.

Qué necesitas

Una hoja de papel grande con una serpiente dibujada, dividida en secciones. A intervalos regulares, haz diferentes dibujos de lugares seguros para cruzar la calle o la carretera, como pasos de peatones, semáforos, puentes y pasos subterráneos. A intervalos irregulares, dibuja tapas de registros de cables o cañerías sobre la serpiente. Otro peligro es una piel de plátano ocasional sobre la que se puede resbalar un jugador o un semáforo en rojo que le hace detenerse (véase el diagrama a continuación; ¡luego improvisa según te plazca!).

Un dado.

2 o más hombres en miniatura para mostrar en qué punto de la escalera están los jugadores

Cómo se juega

1. Cada jugador elige un hombre y tira el dado por turnos.
2. El objetivo es moverse hacia arriba de la serpiente para llegar el primero a la cabeza. Durante el camino, si puedes cruzar la calle o la carretera por un lugar seguro, puedes saltar unos cuantos lugares.
3. Si tienes la mala suerte de caer en una tapa de registro, tienes que volver atrás y comenzar de nuevo. También puedes tener que retroceder un lugar si caes en una piel de plátano.

Actividades de arte y manualidades

Estampar con frutas y verduras (edad de 2 a 3 años)

Cómo ayuda a tu hijo

Además de todas las razones citadas anteriormente para estimular el arte y las manualidades en el hogar, esta actividad en particular dará a tu hijo la oportunidad de expresarse y comunicar sus ideas. Lo ideal es que hagáis esta actividad con verduras estropeadas o con frutas que no están lo suficientemente frescas para comer. (Siempre deberías procurar no animarle a malgastar.) La actividad también ayudará a tu hijo a desarrollar nuevas habilidades.

Qué necesitas

Diferentes superficies en las que estampar, como papel de colores, periódicos, papel de arroz, servilletas de papel, papel corriente, papel de empapelar viejo o telas.

Témperas espesas o pintura en polvo.

Verduras adecuadas, como patatas, zanahorias, apios y frutas como naranjas y manzanas.

También podríais hacer una almohadilla de estampación poniendo papel absorbente o trapos mojados en un plato llano y añadiéndole luego la pintura.

Utiliza un plato diferente para cada color.

Cómo se juega

Con un niño muy pequeño, utiliza la superficie plana de una verdura o fruta partida. Todas formarán diferentes estampas.

Con un niño algo mayor, puedes cortar una figura a modo de tampón en el final de la verdura.

Enséñale a tu hijo a imprimir sumergiendo la verdura en la pintura y haciendo una fila de estampas a través de la superficie o el material que estás imprimiendo.

Calcar (edad de 3 a 4 años)

Cómo ayuda a tu hijo

Estas actividades ayudan a tu hijo a desarrollar una conciencia de la forma artística, tal como figura, línea, forma y color, y también desarrollan las habilidades de la motricidad fina.

Qué necesitas

Diferentes superficies en las que hacer los calcos, como papel de estraza, papel blanco o de colores.

Lápices de cera.

Una selección de objetos de los cuales hacer el calcado. Elige cosas en el parque o en el jardín como cortezas, hojas, ladrillos, adoquines.

Cómo se juega

1. Enséñale a tu hijo a sostener firmemente el papel con una mano, y el lápiz, colocado plano de lado, firmemente con la otra.
2. Coloca la hoja o la corteza debajo del papel y frota con fuerza. Los resultados varían, y se pueden recortar y utilizar en un *collage* del entorno.

Modelar y tallar con materiales naturales (edad de 4 a 5 años)

Cómo ayuda a tu hijo

Modelar, especialmente con barro, es algo que absorbe totalmente a un niño. Desarrolla las habilidades de la motricidad fina y con frecuencia parece tener un efecto sedante. Ayuda también a la creatividad y a la expresión de sí mismo.

Qué necesitas

Barro natural (que es lo mejor), o plastilina o pasta de modelar.

Los materiales adecuados para tallar son el jabón, la madera o sal de piedra.

Prepara la superficie de trabajo, protegiendo con cuidado la mesa, o prepara un tablero de trabajo o un tapete. Si utilizas barro de verdad, los productos acabados se pueden cocer y conservar.

Asegúrate de que tu hijo aprende a limpiar adecuadamente después de utilizar el barro.

Cómo se juega

1. Para empezar, deja a tu hijo que perciba el material y vea cómo puede cambiar de forma.
2. Enséñale luego cómo rodarlo, amasarlo, retorcerlo, empujarlo y tirar de él para darle forma.
3. Dale algunas ideas para comenzar a hacer cosas sencillas y luego dile que haga algo él solo.

Diseños con cordones (edad de 5 a 6 años)

Cómo ayuda a tu hijo

Un niño de esta edad disfrutará experimentando con diferentes tipos de cordones y cuerdas, y este medio puede ser muy creativo.

Qué necesitas

Una variedad de cuerdas y cordones de colores.

Elige una superficie bastante rígida para fijar los cordones sobre ella, como un cartón. Los colores oscuros producen buenos resultados.

Un pegamento fuerte.

Cómo se juega

1. Al principio, deja a tu hijo que explore libremente.
2. Luego podrías sugerir un tema, como flores, un pájaro o diseños con círculos o con líneas rectas. Cuando haya elegido un diseño, haz que lo dibuje primero con pegamento sobre la superficie.
3. Enséñale luego a colocar y a pegar el cordón sobre el pegamento.

DESCUBRIR EL MUNDO

INTRODUCCIÓN

En este apartado comento las maneras con las que puedes ampliar los horizontes de tu hijo mirando a otros países del mundo y al universo entero.

Los niños de hoy están mucho más expuestos al mundo de lo que estaban hace incluso cincuenta años. En sus pantallas de televisión cada día es probable que vean y oigan acerca de gentes de otros países. Seguramente conocen a personas extranjeras que pueden ser amigas de la familia o vivir cerca de su comunidad. Pueden incluso ser lo suficientemente afortunados para viajar a algún país lejano en vacaciones y, de vez en cuando, ven y oyen acerca de viajes espaciales.

Para estimular un interés por los lugares lejanos, el enfoque Montessori es comenzar con una versión simplificada del globo terráqueo, y en un colegio Montessori te encontrarás con niños de tres años que manejan el globo y designan los diferentes continentes sin ninguna dificultad. Luego pueden continuar aprendiendo más sobre cómo son los diferentes países, comenzando con algo que el niño conoce bien, como su propia familia y hogar, y relacionando esto con las familias y hogares de otras personas. De esta manera comienza a darse cuenta de que forma parte de «la familia humana».

Utilizamos siempre un enfoque práctico, presentando las

nuevas ideas con objetos concretos o imágenes, para que el niño vea, toque y manipule. Con el tiempo, se puede hablar sobre ideas más y más abstractas, y descubrirás, años después, que el niño te dice que recuerda algo que en su momento creías que estaba fuera de su alcance.

Al introducir en los niños la idea de la «familia humana», Montessori esperaba poner los cimientos para una mejor comprensión de la importancia de la cooperación y la armonía entre los seres humanos. Montessori tenía mucho que decir sobre la paz mundial. Fue designada como candidata al Premio Nobel de la Paz dos años sucesivos, en 1949 y en 1950, porque durante un período de más de diecisiete años había escrito y dado conferencias en congresos internacionales sobre la importancia de desarrollar una comprensión del problema humano y reestructurar la sociedad humana. Creía firmemente que la forma de hacerlo era a través del niño, y que el trabajo de la educación consistía en establecer una paz duradera. Tenía muchas teorías sobre este asunto, pero la que destacamos aquí llama la atención sobre la importancia de ayudar a los niños pequeños a desarrollar una actitud cuidadosa hacia sus compañeros humanos y estimularlos a alimentar la amistad.

Otra manera de hacer interesante para tu hijo el aprender sobre un mundo más amplio es enseñarle cosas sobre las festividades de todo el mundo. Por supuesto, al principio no comprenderá el significado religioso de las celebraciones, pero será capaz de experimentar un sentimiento de pertenencia. Le puedes presentar la idea de otros niños haciendo otras cosas en sus festividades: tienen alimentos especiales, actividades especiales y vestidos especiales. De esta forma puedes contribuir a la comprensión de tu hijo de cómo todas las personas del mundo son diferentes y gradualmente desarrollar en él una aceptación de las diferencias en vez de un prejuicio contra ellas.

Hablar de viajes y excursiones es una forma excelente de avivar su imaginación y despertar su sentido de la aventura; trato también de algunos aspectos prácticos a la hora de hacer un viaje con un niño.

El mundo exterior es nuestro capítulo final, que trata de la «familia del sol», un tema que atrae fuertemente a los niños pequeños. Muchos padres podrían pensar que esto está fuera del alcance de la comprensión de los niños de menos de seis años. Yo sólo te aconsejo que le presentes algunas de las ideas que aquí se mencionan; pronto te sorprenderá descubrir que tu hijo sabe más que tú y que tiene un interés apasionado por seguir con el tema.

La familia humana

Los globos terráqueos

Comencemos con los globos terráqueos. Hay dos globos Montessori. El primero es el globo de tierra y agua que tiene los continentes cubiertos con papel de lija y el mar pintado de azul, de manera que el niño al principio aprende dos cosas: la forma del mundo, que es una esfera y que está hecho de tierra y agua. El segundo globo tiene los continentes pintados en diferentes colores —Europa en rojo, Asia en amarillo, África en verde, Australia en marrón, América del Norte en naranja, América del Sur en rosa y la Antártida en blanco—, y el niño aprende los nombres de los continentes y océanos. (Si tu hijo va a un colegio Montessori, lo más probable es que conozca allí estos globos, pero, si no es así, también le puedes ayudar a aprender las mismas ideas con un globo corriente.)

El puzle del mapamundi

El puzle del mapamundi consta de dos hemisferios, cada uno con los continentes separables como piezas independientes del puzle. Los colores son los mismos que los del globo. Es más fácil para un niño pequeño ver cómo se representa el mundo en un mapa plano y puede quitar las piezas y compararlas con los mismos continentes en el globo: la forma, el color y el tamaño coinciden. (Todo este aparato se puede hacer fácilmente en casa calcando los continentes de un atlas, recortándolos luego en papel de colores y fijándolos sobre cartón.)

Una vez que tu hijo haya aprendido los nombres de los continentes, le puedes explicar cómo están divididos en diferentes países, que son áreas de tierra con un nombre, una bandera y un himno nacional.

Cuando hables con tu hijo sobre otros países, comienza con algo que le resulte conocido, como su propia familia, y explícale que hay muchas otras familias como la vuestra, en todo el mundo. De hecho, todos pertenecemos a la familia humana. Hablad sobre las cosas que él hace cada día y lo que necesita: por la mañana se viste, por lo que necesita ropa; luego desayuna, por lo que necesita alimento. Vive en una casa que le protege del frío o del tórrido sol, y tiene una familia que le quiere y con quien habla y juega todos los días. Cuéntale que en otros países hay niños pequeños exactamente como él, pero algunos de ellos visten ropas muy diferentes, comen alimentos diferentes y hablan un idioma diferente.

Si tienes la suerte de visitar otro país con tu hijo, tienes una maravillosa oportunidad para ayudarle a aprender sobre él. Trata de descubrir todo lo que puedas sobre las cosas cotidianas que allí suceden y anima a tu hijo a que plantee preguntas y haga comparaciones con su propio país. Recoge dibujos, fotografías, diapositivas, muñecas, folclore, discos de música tradicional, recetas de cocina y cualquier otra cosa típica del país que vais a visitar. Al regreso, asigna un área especial para la colección de cosas: un estante en su dormitorio, por ejemplo. Haced un álbum con los dibujos y fotografías en un cuaderno con códigos de colores (que casen con el color del continente) y coloca los diversos artículos. Probablemente descubrirás que, al hacerlo así, has estimulado su interés por descubrir también cosas sobre otros países.

Sugiero que elijáis un país de cada continente y poco a poco construyáis un álbum con información de cada uno de ellos. Como ejemplos, podríais elegir Inglaterra de Europa, Kenia de África, Malasia de Asia, Perú de América del Sur, Estados Unidos de América del Norte y Nueva Zelanda de Oceanía.

Ejemplo: Malasia

El tipo de información que podríais recopilar de un país como Malasia sería:

Imágenes típicas que muestren la vegetación y las cosechas tropicales: arroz, caucho y cocos, e industrias como las minas de estaño y la silvicultura.

Imágenes de personas de las tres culturas principales —malaya, china e hindú—, mostrando los rasgos faciales, los diferentes trajes tradicionales. Si es posible, trata de adquirir una muñeca malaya.

Imágenes de las diferentes casas, desde la maravillosa arquitectura moderna de Kuala Lumpur hasta las casas sobre troncos en kampongs y las alargadas casas flotantes que sobresalen en los ríos.

Ejemplos de manualidades, tales como batik, cartón piedra, cestos y sombreros tejidos a mano.

Imágenes de animales y plantas, como el fascinante orangután, las preciosas orquídeas y frutas exóticas como la guayaba, el lichi y el durian.

Grabaciones de música malaya y quizás una o dos canciones que se pueden aprender en lengua malaya.

Cuentos y leyendas de Asia, como el famoso cuento malayo de cómo el ratón engañó al tigre. Se pueden encontrar en bibliotecas y librerías. Las embajadas también serán una ayuda a la hora de facilitar fuentes de información.

En estos tiempos, podemos comprar alimentos de todo el mundo y en alguna ocasión toda la familia podría comer como lo hacen los malayos, utilizando los utensilios típicos. Implica a tu hijo en la preparación y la cocción de la comida y háblale de cómo difiere de la nuestra.

Intenta relacionar toda esta información con la propia vida de tu hijo, de manera que pueda imaginar cómo es la vida de un niño de su edad que vive en Malasia.

Las imágenes se podrían montar sobre una cartulina amarilla, que es el color de Asia, y en su momento se utilizará en el

Juego de los continentes (véase pág. 195), o colocadlas en un álbum de recortes que prepare tu propio hijo. Te darás cuenta de que lo conserva y vuelve a él años después, recordando las cosas que le contaste.

Festividades de todo el mundo

Una festividad es la celebración de un acontecimiento especial, relacionado con frecuencia con una creencia religiosa, y normalmente hay un festejo (festividad significa día de fiesta), al igual que bailes, música y vestidos.

En la mayoría de los colegios, se habla de las festividades que normalmente se celebran en una cultura determinada, y en muchos casos se hacen trabajos de arte y manualidades y tal vez los niños representan cuentos y obras de teatro para ayudarles a aprender sobre su propia cultura. Hacer decoraciones de Navidad, tarjetas de Pascua y máscaras para *Halloween* es una práctica habitual en Occidente. Sin embargo, en los colegios Montessori, los profesores presentan con frecuencia festividades inusuales cuando los niños están aprendiendo algo sobre otro país. El enfoque consiste en descubrir todo lo que sea posible sobre ese país, incluyendo la gente, el clima, las cosechas, la industria, los animales, las plantas, la literatura, la música, el vestido, la alimentación, los sellos, la moneda y las festividades. Y lo que es más, es un enfoque práctico: los niños realmente se ven implicados en su aprendizaje, facilitándoles la comprensión de cómo viven en ese otro país.

Ejemplo: las festividades malayas

Hay muchas festividades que tienen lugar en Malasia, pero las siguientes representan las tres culturas principales: la china, la malaya y la hindú.

El Año Nuevo chino. Ésta es una de las principales celebraciones en Malasia, que cae en enero o en febrero, el primer día de la primera luna, y que celebran los malayos chinos. Normalmente hay una semana de vacaciones y todas las casas se decoran brillantemente con rollos «de la suerte» de papel rojo, con inscripciones de antiguos proverbios en caracteres chinos dorados. Las tiendas se decoran con signos tachonados de dragones que dicen *«Kung See Fat Choy»,* Feliz Año Nuevo. Las calles se animan con música y dragones que bailan. Los niños, vestidos con sus mejores ropas, reciben montones de *ang-pows,* dinero envuelto en paquetes rojos.

Haced «rollos de la suerte», linternas chinas y ropas de dragón. Cocinad comida china y tratad de utilizar palillos.

Hari Raya es la festividad musulmana que marca el fin del mes de ayuno en julio y que celebran los malayos. Hay tres días de festejos y diversiones.

Deepavali cae en octubre y noviembre y lo celebran los hindúes, que queman pequeñas lámparas de aceite fuera de sus casas para significar el triunfo del bien sobre el mal.

VIAJES Y EXPLORACIONES

Los viajes proporcionan excelentes oportunidades de aprender. Ya le has contado a tu hijo que el mundo es un lugar muy grande y, por la información que le has dado sobre los diferentes países, sabe que son muy variados. Puede haber planteado preguntas como «¡Cómo se puede llegar allí?», «¡Está muy lejos?» o «¿Cuánto se tarda en llegar?».

Puedes sugerirle la idea de que los viajes unen lugares y comenzar a hablar sobre las muchas formas en las que puedes ir de un lugar a otro.

A los niños de dos o tres años, les puedes mostrar ilustraciones de los muchos diferentes tipos de transportes y jugar a *Trans* (véase pág. 160).

Con los de tres o cuatro años, puedes hablar del viaje hasta el colegio, el tipo de transporte que utilizáis y el tiempo que lleva.

Trata de dibujar un mapa muy sencillo que muestre la ruta que tomáis y señala todos los hitos por los que pasáis en el camino. Si el colegio está bastante próximo, intenta diferentes formas de transporte para llegar a él: caminando, en coche, en autobús, en tren o quizás en bicicleta. Haced un gráfico de los resultados (véase pág. 185).

Con los de cuatro a seis años, puedes hacer un juego de vacaciones. Esto podría suponer comentar sobre las formas de viajar, por ejemplo las distancias que suponen, el tiempo que lleva, qué condiciones climáticas se necesitan para distintos tipos de vacaciones y las cosas que haréis cuando lleguéis allí.

Realmente, las vacaciones proporcionan una oportunidad maravillosa para explorar diferentes partes del país o para visitar otros países.

El viaje en sí mismo es emocionante, pero con frecuencia puede resultar pesado, tanto para los niños como para los padres. Procura prepararte bien y, durante todos los inevitables períodos de espera, asegúrate de que cubres las necesidades de tu hijo de alimento, comodidad y sueño, y dispón siempre de un montón de actividades a mano para que juegue.

Un aeropuerto es un lugar excelente para explorar. La mayoría de ellos disponen de galerías para los visitantes donde puedes ir mientras esperas después de la facturación y antes de la salida. Los aeropuertos están normalmente llenos de una variedad de personas y podéis jugar a adivinar de dónde vienen y adónde van, observando sus ropas y rasgos y escuchando su idioma. En el avión, ten preparadas muchas actividades: libros, cartas, dibujos, juegos de mesa en miniatura y su juguete favorito, como un muñeco de acción o una muñeca para vestir.

Elegir unas vacaciones es algo muy personal, pero con niños de menos de seis años, las vacaciones en la playa, el campo o el camping son especialmente adecuadas, porque normalmente hay mucha libertad y montones de cosas que pueden hacer y explorar.

A la orilla del mar hay muchas oportunidades de aprender cosas nuevas.

- Jugar en una playa de arena puede dar lugar a conversaciones sobre lo que ocurre con el agua y cómo la arena es diferente de otros suelos.
- Podéis hablar sobre la contaminación del mar.
- Podéis pasear a lo largo de la orilla y buscar conchas; coquinas, mejillones, caracolas son sólo algunas de las que es posible encontrar. También podéis encontrar huesos de sepia, erizos de mar o huevos de caracoles. En ciertas áreas puede haber una variedad de algas, como la lechuga de mar, el golmon y la ova.
- Explorar los charcos en las rocas puede descubrir cosas incluso más extrañas: conchas con forma de serpiente adheridas a las rocas, cangrejos ermitaños y lapas. Compra un libro sobre la orilla del mar y leed juntos acerca de todos vuestros descubrimientos.
- Si permanecéis en un lugar durante una semana o más, puedes pedir a un niño algo mayor que escriba un diario de las mareas y vea cómo varía cada día el tiempo de las mareas altas y bajas. Podéis hablar sobre esto cuando esté aprendiendo sobre la tierra, el sol y la luna (véase más adelante).

EL UNIVERSO

Los niños, a la edad de cinco años, están maravillados y entusiasmados por esta materia. Comienza por comprar un sencillo libro sobre el espacio, las estrellas y los planetas y, en forma de cuento, háblale sobre «la familia del sol». Nuestro planeta, la tierra, forma parte del sistema solar, que consta de nueve planetas, muchas lunas y miles de asteroides y cometas.

Para hacerlo más fácil de comprender, traza un dibujo del sistema solar sobre una hoja grande de papel y extiéndela en la habitación de tu hijo. El sol es más de cien veces más grande que la tierra y proporciona luz y calor. Su potente fuerza de gravedad mantiene a los planetas —Mercurio, Venus, la Tierra, Marte, Júpiter, Saturno, Urano, Neptuno y Plutón— en órbita alrededor de él.

Podéis hacer una serie de tarjetas que muestren un dibujo de cada planeta y describa sus rasgos principales. Éstas se pueden utilizar para el juego de *Cohetes a los planetas* (véase pág. 189).

Tu hijo también estará interesado por los astronautas, las naves y los cohetes espaciales. Si podéis visitar un museo con una buena exposición sería lo mejor, pero, si no es posible, lo puedes interesar descubriendo conjuntamente cómo es la vida en el espacio. ¿Cómo consiguen los astronautas el suministro de aire, alimento y agua, y cómo se manejan con la ingravidez debido a que no hay gravedad en el espacio? Se tienen que atar con correas antes de irse a dormir y, puesto que flotan por el espacio de la nave y no tienen que hacer ningún esfuerzo en contra de la fuerza de gravedad, los músculos de los brazos y las piernas se les debilitan.

Sucede otra cosa extraña, no hay arriba y abajo, porque no hay gravedad: las bebidas las tienen que tomar de bolsas y los astronautas tienen que apretar para que salga el líquido, de forma parecida a la salsa de tomate en un establecimiento McDonald's. Si un vaso que está boca arriba se vuelve boca abajo no funciona, ¡el líquido siempre está donde estaba! Los astronautas tienen que llevar ropas especiales para protegerse de los rayos ultravioleta no filtrados, del sol y de los minúsculos meteoritos, más pequeños que las partículas de arena.

Un cohete es un vehículo diseñado para elevarse en el espacio venciendo la fuerza de gravedad, propulsado por una rápida corriente de gas hacia la tierra a través de una tobera. Simplemente se «empuja» a sí mismo hacia el espacio. Para explicarle esto a tu hijo, dile que infle un globo alargado, lo fije a un palo con clips y cinta adhesiva, apunte el globo inflado hacia arriba y lo suelte. Subirá hacia el techo, lejos de él y del suelo.

Puedes hacer una historia de las conquistas del espacio: 1957, el Sputnik 1 ruso fue el primer cohete que salió al espacio; el primer humano en el espacio fue el ruso Yuri Gagarin, en 1961; en 1963 Valentina Tereshkova se convirtió en la primera mujer en órbita en el espacio; en 1965 Alexei Leonov fue el primer hombre que hizo un «paseo espacial», y así sucesivamente.

JUEGOS Y ACTIVIDADES

JUEGOS Y ACTIVIDADES DE LENGUAJE Y LECTURA

Edad		*Pág.*
2 a 3	Canciones e himnos nacionales de todo el mundo	182
3 a 4	«¡Iguales!» de países	182
4 a 5	Juego de lenguaje «¿dónde vivo?»	183
5 a 6	Palabras nuevas para usar con el mapamundi	183

JUEGOS Y ACTIVIDADES DE DESARROLLO SENSORIAL Y DE LA VIDA DIARIA

Edad		*Pág.*
2 a 3	Clasificar legumbres	184
3 a 4	Preparar comida étnica	184

JUEGOS DE MATEMÁTICAS

Edad		*Pág.*
4 a 6	Gráfico del viaje al colegio	185

JUEGOS Y ACTIVIDADES DE CIENCIAS Y NATURALEZA

Edad		*Pág.*
2 a 3	Hacer un molino de viento	186
3 a 4	Animales de todo el mundo	187
4 a 5	El sistema solar	188
5 a 6	Cohetes a los planetas	189

JUEGOS Y ACTIVIDADES DE HISTORIA

Edad		*Pág.*
2 a 6	El juego del cumpleaños	190
4 a 5	Calendario de festividades	191
5 a 6	Historias de exploradores	192

JUEGOS Y ACTIVIDADES DE GEOGRAFÍA

Edad		*Pág.*
2 a 3	Madres y bebés de otros países	193
3 a 4	Juego «¡Iguales!» de transporte	193
4 a 5	Banderas de todo el mundo	194
5 a 6	El juego de los continentes	195

ACTIVIDADES DE ARTE Y MANUALIDADES

Edad		*Pág.*
2 a 3	Recortar papel	197
3 a 4	Hacer banderas	197
4 a 5	Doblar papel; papiroflexia	198
5 a 6	Candelabros para la fiesta de las luces	199

Juegos y actividades de lenguaje y lectura

Canciones e himnos nacionales de todo el mundo (edad de 2 a 3 años)

Cómo ayuda a tu hijo

Aprender nuevas canciones ayudará a tu hijo a desarrollar el lenguaje y también le dará una sensación de comunidad cuando sea capaz de unirse con otros niños.

Qué necesitas

Una selección de libros de canciones, preferentemente de culturas diversas, que contengan canciones que se cantan en diversas festividades.

Cómo se juega

Si tocas un instrumento es una ventaja, pero no es necesario. Simplemente canta las canciones muchas veces y poco a poco tu hijo te acompañará.

«¡Iguales!» de países (edad de 3 a 4 años)

Cómo ayuda a tu hijo

Este juego desarrolla la percepción visual y le ayuda a recordar las características destacadas de diferentes culturas.

Qué necesitas

2 series de tarjetas que muestren personas vestidas con trajes típicos o vestidos nacionales de China, India, Pakistán, países árabes y africanos, Estados Unidos, Escocia y cualquier otro país que tenga un estilo definido. Podrían ser dibujos hechos a mano.

Cómo se juega

Como el juego *¡Iguales!* tradicional (véase pág. 194).

Juego de lenguaje «dónde vivo?» (edad de 4 a 5 años)

Cómo ayuda a tu hijo

Este juego estimula el desarrollo del lenguaje.

Qué necesitas

Una serie de tarjetas de dibujos de 10 países diferentes, cada una con un dibujo de un mapa sencillo, por ejemplo del Reino Unido. También sobre la tarjeta hay dibujos de escenas u objetos típicos del país, como un dibujo del Big Ben, la Union Jack, un *cottage* techado, etcétera.

Cómo se juega

Reparte las tarjetas de modo que tu hijo y tú tengáis cinco cada uno. Comienzas tú mirando una de las tarjetas y describiendo todo lo que hay en ella. Tu hijo tiene que adivinar qué país representa. Si lo adivina, le das la tarjeta, pero, si no lo hace, no se la das. Luego te corresponde el turno de adivinar a ti.

Palabras nuevas para usar con el mapamundi (edad de 5 a 6 años)

Cómo ayuda a tu hijo

Le proporciona práctica en la lectura de palabras nuevas.

Qué necesitas

Una serie de tarjetas con los nombres de los continentes escritos en ellas.

Un mapa del mundo con los continentes pero sin nombres.

Cómo se juega

Lee las palabras con tu hijo para asegurarte de que las reconoce y haz que las lea él mismo y las coloque sobre los continentes correspondientes en el mapamundi.

JUEGOS Y ACTIVIDADES DE DESARROLLO SENSORIAL Y DE LA VIDA DIARIA

Clasificar legumbres (edad de 2 a 3 años)

Cómo ayuda a tu hijo

Se trata de una actividad que le prepara para las matemáticas.

Qué necesitas

Una colección de legumbres, por ejemplo de 4 tipos diferentes.

4 platos pequeños y uno más grande.

Un antifaz.

Cómo se juega

Coloca todas las legumbres en el plato grande, ponle a tu hijo el antifaz y dile que las distribuya, por el tacto, en los cuatro platos.

Preparar comida étnica (edad de 3 a 4 años)

Cómo ayuda a tu hijo

Esta actividad de la vida diaria hace que el estudio de una cultura resulte más interesante, al tiempo que le proporciona nuevas ideas.

Qué necesitas

Un *wok* (especie de sartén china), algo de brécol y champiñones, jengibre, cebolla, salsa de ostras o de soja, aceite de cacahuete, etc.

Cómo se juega

Utilizando un tablero para cortar, enseña a tu hijo a cortar el brécol, los champiñones, el jengibre y las cebollas en trocitos pequeños. Calienta una cucharada de aceite en un *wok y* dile que ponga las verduras cuando el aceite comience a humear. Pasados unos 3 minutos, añade dos cucharadas de salsa de ostras o de soja y listo para servir.

Juegos de matemáticas

Gráfico del viaje al colegio (edad de 4 a 6 años)

Cómo ayuda a tu hijo

Esta actividad le da a tu hijo experiencia en las habilidades de medida y le proporciona una oportunidad de recopilar información de forma gráfica.

Qué necesitas

Papel de gráficos.

Lápices o tizas.

Un reloj. Si tu hijo no sabe leer la hora él solo, tendrás que decirle cuánto tiempo lleva cada viaje al colegio.

Cómo se juega

1. Cada día de la semana, elige una forma diferente para ir al colegio: el lunes caminando, el martes en coche, el miércoles id en autobús, el jueves en tren o metro, el viernes id en bicicleta. Si algunas de estas formas de transporte no son adecuadas al lu-

gar donde vives o no tienes los medios de transporte necesarios, calculad el tiempo que llevaría.

2. Cuando lleguéis a casa, registrad el tiempo que ha llevado de forma gráfica. Esto puede conducir a una conversación sobre los diferentes tipos de transporte que ha utilizado y las ventajas e inconvenientes de cada uno.

Juegos y actividades de ciencias y naturaleza

Hacer un molino de viento (edad de 2 a 3 años)

Cómo ayuda a tu hijo

Tu hijo comenzará a comprender la fuerza del viento y es divertido.

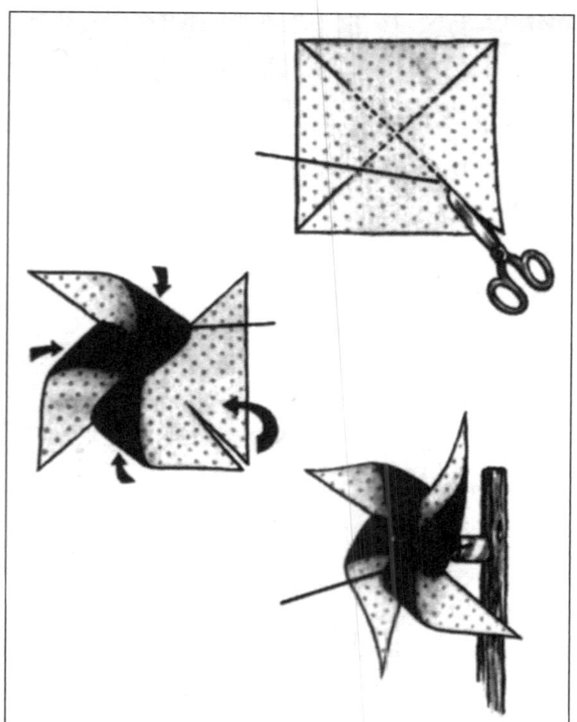

Qué necesitas

Algunas hojas de papel, de colores si es posible, de alrededor de 15 cm de lado.

Tijeras.

Una pajita de bebidas.

Un palo delgado de unos 30 cm de largo (se puede conseguir en una tienda de manualidades) y un clavo delgado.

Cómo se juega

1. En primer lugar haz el molino de viento doblando el cuadrado de papel, esquina a esquina.
2. Corta por las líneas diagonales aproximadamente hasta la mitad, luego curva las esquinas sobre el centro y asegúralas con un clavo.
3. Corta un trocito de pajita, alrededor de un centímetro y medio de largo, y fíjalo al final del clavo por la parte de detrás del molino de viento, clavando el clavo en la madera.
4. Ahora dile a tu hijo que salga al jardín sosteniendo el molino de viento por encima de su cabeza. Ved si da vueltas.
5. Sugiérele que corra para ver si rueda más rápido.

Animales de todo el mundo (edad de 3 a 4 años)

Cómo ayuda a tu hijo

Desarrolla el conocimiento y la comprensión de otros países.

Qué necesitas

Las tarjetas de clasificación de animales (véase pág. 152). Selecciona aquellos que son típicos de cada continente, por ejemplo:

África: león, jirafa, leopardo, elefante, cebra, rinoceronte, gorila, lémur.

Australia: canguro, koala, dingo, wombat, canguro pequeño.

Europa: zorro, tejón, ciervo, antílope, comadreja, bisonte europeo, lince, gerbil, ardilla, lobo, alce, jabalí.

Asia: panda, orangután, tapir malayo, mono, mangosta.

América del Norte: carnero almizclero, caribú, lemming, búfalo, oso pardo.

América del Sur: jaguar, nutria gigante, tapir.

Antártida: oso polar, pingüino, foca.

El mapamundi.

Cómo se juega

1. Hablad de los diferentes animales y de dónde vienen, en qué hábitats viven, lo que comen y demás.
2. Después, tu hijo puede mirar las tarjetas y colocarlas en el mapa en el continente adecuado. (Haz las tarjetas en las que montes las imágenes de los animales con un código de color, de manera que pueda comprobar con los colores del continente para ver si lo ha hecho bien.)

El sistema solar (edad de 4 a 5 años)

Cómo ayuda a tu hijo

Le proporciona conocimiento y comprensión del universo.

Qué necesitas

Una serie de 9 tarjetas, cada una con un dibujo de un planeta diferente del sistema solar.

Otra serie de tarjetas que repitan los dibujos anteriores, pero con los nombres de los planetas debajo.

Una serie de tarjetas sólo con los nombres.

Una serie de tarjetas que describan los planetas.

Cómo se juega

1. Al principio, el niño más pequeño simplemente empareja los dibujos y tú le hablas sobre los diferentes planetas.
2. Después, cuando sepa leer, empareja los nombres de las tarjetas con los planetas y los coloca debajo de los dibujos correspondientes.

3. Más adelante, cuando lea con más fluidez, lee la descripción de los planetas.

Cohetes a los planetas (edad de 5 a 6 años)

Cómo ayuda a tu hijo

Le da conocimiento y comprensión de los viajes espaciales, y es divertido.

Qué necesitas

Un dibujo del sistema solar montado sobre un tablero de juego con 40 cuadrados alrededor del perímetro; los cuadrados de las esquinas se rotulan como Tierra, Cometas, Luna, Meteoritos. Los nueve cuadrados entre las esquinas representan los planetas y se colorean de forma secuencial (véase la ilustración).

Cohetes de fabricación casera (hechos para que se distingan de un rollo de papel).

9 series de tarjetas con códigos de colores con cuatro preguntas sobre cada uno de los planetas.

4 cuentas o discos de colores para cada planeta, cada uno colocado en cada uno de los cuadrados de planetas.

Un dado.

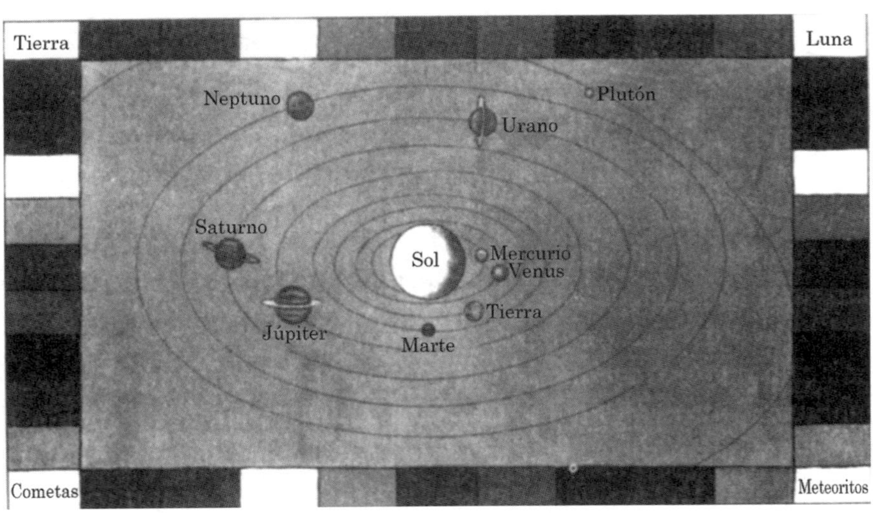

Cómo se juega

Para 2 a 4 jugadores.

1. Cada jugador tiene un cohete.
2. El primer jugador que saque un seis comienza colocando su cohete en el cuadrado Tierra y echa otra vez el dado. Mueve su cohete a lo largo del exterior del tablero, según el número sacado.
3. Cae en un color; toma la tarjeta del color correspondiente y lee la pregunta. Si sabe la respuesta, toma una de las cuentas de colores del planeta.
4. Cada jugador juega cuando es su turno y el juego continúa de esta manera.
5. Si un jugador cae en una de las dos esquinas opuestas, Cometas o Meteoritos, consigue una dosis extra de energía que le da la posibilidad de tomar una cuenta de otro jugador. Si cae en la Luna es que es muy listo —no todo el mundo llega a la Luna—; así pues, tira otra vez.
6. El objetivo del juego es conseguir las cuatro cuentas y ganar un planeta. El jugador con más planetas gana la partida.

Juegos y actividades de historia

El juego del cumpleaños (edad de 2 años en adelante)

(Para el niño de dos años es simplemente un juego, pero para niños mayores la actividad comenzará a tener sentido.)

Cómo ayuda a tu hijo

Este juego proporciona una primera impresión de la relación entre la tierra y el sol, y le ayuda a darse cuenta de lo que quiere decir tener uno, dos y tres años. A partir de ahí comenzará a construir su concepto de tiempo. Es una buena idea jugar a este juego en las fiestas de cumpleaños de los niños.

Qué necesitas

Un globo.

Una vela.

Una forma elíptica marcada sobre el suelo, con tiza, si se puede, o con cinta, si el juego se practica en un suelo con alfombra.

Cómo se juega

1. En el cumpleaños de tu hijo, con un grupo de amigos que han ido a merendar, pídeles que se sienten alrededor en círculo, en el exterior de la elipse que has trazado en el suelo.
2. Coloca la vela en el centro y explícales que representa el sol.
3. Pide al niño que celebra su cumpleaños que tome el globo y que camine alrededor del sol sobre la línea elíptica y que vuelva a su lugar en el círculo. Explícales que a la tierra le lleva todo un año moverse alrededor del sol.
4. Cada vez, después de que haya dado la vuelta a todo el recorrido, dile que se pare y cuéntale un pequeño cuento sobre cuando tenía un año, dos, tres, cuatro, y así sucesivamente. Si cumple cuatro años, podéis cantar el «Cumpleaños feliz» cuando haya completado la cuarta vuelta.
5. Para dar una impresión de los años, siempre es divertido pedir a los niños de la fiesta que adivinen cuántos años tienes tú. Luego les dices tu edad real y das vueltas en torno al sol las veces que corresponda; ¡no se lo pueden creer!

Calendario de festividades (edad de 4 a 5 años)

Cómo ayuda a tu hijo

Esta actividad le ayuda a construir el concepto del tiempo y de la secuencia, al mostrarlo gráficamente.

Qué necesitas

Utiliza el calendario previamente preparado para el calendario anual (véase pág. 157).

Tarjetas postales que has recopilado de diferentes festividades sobre las que has hablado a tu hijo.

Cómo se juega

Después de cada festividad que celebréis, por ejemplo, Navidad o Pascua, o después de haber hablado de otra festividad de otra cultura, fija la tarjeta correspondiente en el calendario.

Historias de exploradores (edad de 5 a 6 años)

Cómo ayuda a tu hijo

Puesto que a los niños les encantan las historias, una forma de enseñarles hechos sobre el pasado es leyéndoles. Las historias de algunos de los grandes exploradores desatan la imaginación de los niños de esta edad y les ayudan a comprender los acontecimientos del pasado.

Qué necesitas

Libros infantiles que estén bien ilustrados.

Historias adecuadas como las de vikingos; Marco Polo, que en el siglo XIII viajó hasta China por la Ruta de la Seda; Cristóbal Colón, que en el siglo XV navegó por el Atlántico hasta América; el capitán James Cook, que en el siglo XVIII dio la vuelta al mundo y desembarcó en Australia y Nueva Zelanda; el valor del capitán Robert Scott en la Antártida; y Yuri Gagarin, que fue un pionero de los viajes espaciales.

Cómo se juega

Lee a tu hijo una historia y anímale a que plantee preguntas y busque los lugares en el mapa.

Estimúlale a que haga dibujos de barcos pasados y presentes utilizados para exploraciones.

Juegos y actividades de geografía

Madres y bebés de otros países (edad de 2 a 3 años)

Cómo ayuda a tu hijo

Esta actividad ayuda al niño pequeño a comenzar a desarrollar una idea de qué aspecto tienen y cómo se comportan las diversas gentes.

Qué necesitas

Series de fotografías recogidas de revistas, folletos de viajes y centros de información, como el Commonwealth Institute y la Unesco. Fotografías de madres y bebés que son típicas de las diferentes culturas de todo el mundo.

Monta las fotografías sobre tarjetas con códigos de colores y guárdalas en carpetas de los colores adecuados; los colores deben corresponderse con los del mapa Montessori de los continentes.

Un mapamundi.

Cómo se juega

1. Enséñale a tu hijo una carpeta cada vez, mirando juntos las fotografías y hablando de los diferentes rasgos, vestidos, lo que están haciendo, y plantéale preguntas, por ejemplo, si cree que viven en un clima cálido o frío.
2. En otra ocasión, muéstrale una carpeta de otro continente, y así hasta que esté familiarizado con todas las fotografías que has recopilado.
3. Con el tiempo, puede sacar él mismo las fotografías, encontrar el continente correcto, sacar la pieza del rompecabezas y colocar sobre ella el dibujo.

Juego «¡Iguales!» de transporte (edad de 3 a 4 años)

Cómo ayuda a tu hijo

Este juego ayuda a aumentar el conocimiento y la conciencia del niño. Es también una buena actividad de vocabulario, puesto que probablemente aprende nuevas palabras, y las fotografías pueden llevar a conversaciones posteriores sobre el transporte.

Qué necesitas

2 series de tarjetas que muestren diferentes modos de transporte.

Cómo se juega

Se juega de la misma forma que el juego *¡Iguales!* tradicional, manteniendo cada jugador la mitad del paquete, las cartas boca abajo y poniéndolas boca arriba una cada vez, por turnos. Cuando dos cartas son iguales, el primer jugador que diga «¡Iguales!» se lleva ambas cartas. Gana el jugador que acaba teniendo todas las tarjetas.

Banderas de todo el mundo (edad de 4 a 5 años)

Cómo ayuda a tu hijo

Esta actividad aumenta el conocimiento de tu hijo sobre diferentes países.

Qué necesitas

Un mapa del mundo.

2 series de dibujos de banderas nacionales para hacer tarjetas de banderas (se pueden conseguir de un centro de *boy scouts*) o cromos de banderas que se pueden adquirir en el comercio para que vayan con los mapas Montessori.

Cómo se juega

1. Comienza con unas pocas banderas, enséñale a tu hijo de dónde son y haz que las empareje.
2. Enséñale a colocar las banderas correctas en cada país del mapa.

El juego de los continentes (edad de 5 a 6 años)

Cómo ayuda a tu hijo

Este juego lo practican los niños mayores, porque deben estar familiarizados con los continentes y los países y los diferentes aspectos de la cultura que han aprendido sobre ellos en actividades previas que se han sugerido en este libro. El juego refuerza este conocimiento.

Qué necesitas

Un tablero de juego grande, rectangular, con un mapamundi en medio.

48 cuadrados de igual tamaño alrededor del tablero, coloreados al azar en rojo, azul, amarillo, verde, naranja y morado. En las cuatro esquinas del rectángulo están las zonas de peligro: el primero es una casa, el segundo un volcán, el tercero un terremoto y el cuarto una inundación. A mitad de camino entre cada una de las esquinas están las zonas «respetuosas con el entorno»: la primera es una plantación de árboles, la segunda una planta de reciclado, la tercera una estación de energía solar y la cuarta

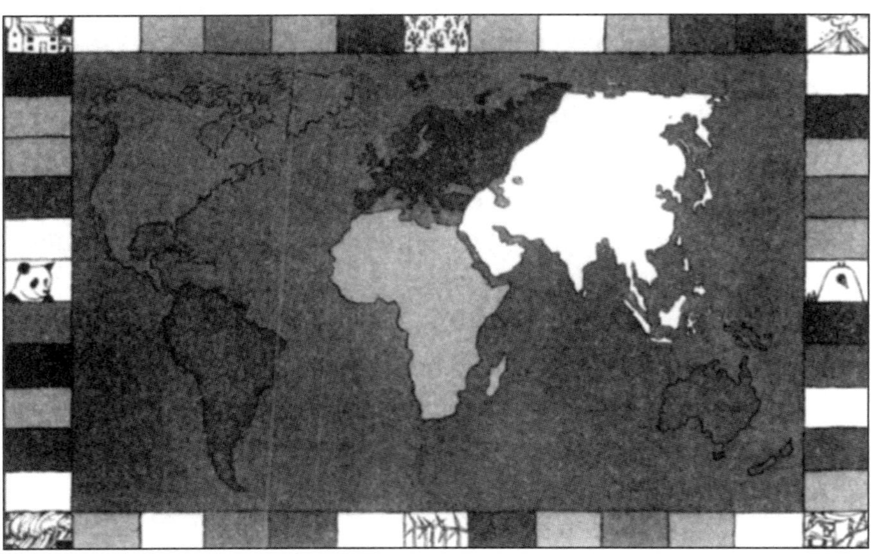

una reserva de animales en peligro de extinción (véase la ilustración de la página anterior).

6 paquetes de tarjetas de los mismos colores que los cuadrados, es decir, rojo, azul, amarillo, verde, naranja y morado. En la parte de delante de estas tarjetas hay series de dibujos de países, animales, casas, plantas, vestidos, alimentos. Las tarjetas se colocan con el color hacia arriba en el centro del tablero.

6 tarjetas de bingo, una para cada continente, América (Norte y Sur), Europa, África, Asia, Oceanía, Antártida.

6 réplicas en miniatura de medios de transporte, a saber, un coche, un avión, un barco, una bicicleta, un tren, un autobús. Un dado.

Cómo se juega

Para 2 a 6 jugadores.

1. Cada jugador elige un medio de transporte y un continente.
2. El primer jugador que saque un seis comienza el juego. Echa el dado y se mueve alrededor del tablero el número de veces que indica el dado. Puede caer en uno de los cuadrados de colores, digamos el rojo. Toma una tarjeta roja y mira el dibujo; si se corresponde con su continente, la toma y la coloca en la tarjeta de su continente. Si no corresponde con su continente, devuelve la tarjeta debajo del paquete.
3. El juego continúa de esta forma con los jugadores moviéndose alrededor del tablero.
4. Si caen en un peligro, como un volcán, un terremoto o una inundación, tienen que ir a «casa».
5. Si caen en un área de premio, cualquiera de las cuatro «respetuosas con el entorno», tiran otra vez.
6. Gana el jugador que completa su tarjeta de continente con una de cada una de las tarjetas de colores.

ACTIVIDADES DE ARTE Y MANUALIDADES

Recortar papel (edad de 2 a 3 años)

Cómo ayuda a tu hijo

Esta actividad estimula la destreza manual y también prepara a tu hijo para trabajos manuales más difíciles.

Qué necesitas

Tarjetas de peso medio (de grosor similar a las tarjetas de felicitación). Prepara tarjetas graduadas dibujando líneas con un lápiz por donde se supone que tienen que cortar las tijeras. La primera tarjeta debe consistir sólo en líneas rectas, la segunda podría tener líneas rectas con esquinas redondeadas y la tercera sólo líneas curvas.

Tijeras.

Cómo se juega

1. Enséñale a tu hijo cómo mantener exactamente las tijeras y cómo cortar.
2. Dale a cortar formas cada vez más difíciles, y en su momento dale papel más fino, que no es tan fácil de cortar.

Hacer banderas (edad de 3 a 4 años)

Cómo ayuda a tu hijo

Esta actividad aumenta su conocimiento y le da práctica en el control del lápiz.

Qué necesitas

Papel liso y una regla. Tizas.

Un libro de banderas como referencia.

Cómo se juega

1. Traza diferentes banderas para que tu hijo las coloree. Comienza por la bandera de su propio país.
2. Más adelante introduce otras banderas y, cuando las haya terminado, puede pegarlas en un libro de recortes.

Doblar papel; papiroflexia (edad de 4 a 5 años)

Cómo ayuda a tu hijo

Esta actividad mejora la destreza manual y proporciona una oportunidad para la creatividad y la imaginación.

Qué necesitas

Papel de papiroflexia de colores, de una tienda de manualidades.

Tijeras.

Cómo se juega

1. Comienza practicando el doblar el papel por la mitad y luego en cuartos.
2. Elige un tema que tal vez pueda tener que ver con uno de los países sobre los que estás hablando a tu hijo. La papiroflexia de animales es bastante sencilla.
3. Para hacer una jirafa, pliega el papel como se muestra en la ilustración.

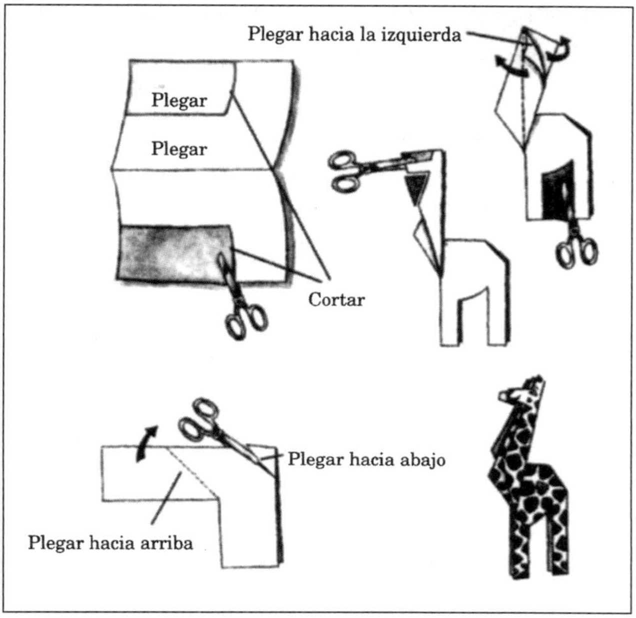

Candelabros para la fiesta de las luces (edad de 5 a 6 años)

Cómo ayuda a tu hijo

Esta actividad estimula la creatividad y mejora la destreza manual.

Qué necesitas

8 cilindros de cartón de los rollos de papel higiénico.
Cartulina fuerte.
Pinturas para pósters.
Papel dorado o plateado.

Cómo se juega

1. Para el candelabro, corta dos figuras en cartulina (Diagrama A). Haz dos cortes desde el fondo del candelabro hacia arriba.

2. Pinta el candelabro con pinturas para pósters. Puedes pintar los brazos o pegarles tiras de papel plateado o dorado.

3. Corta dos figuras en cartulina (Diagrama B). Haz dos cortes hacia abajo desde arriba. Pinta estas dos figuras con pinturas para pósters.

4. Monta el candelabro (Diagrama C).

5. Para hacer las velas, haz cuatro cortes en un extremo de cada cilindro de cartón (Diagrama D).

6. Pinta las velas con pintura para pósters.

7. Coloca las velas sobre el candelabro (Diagrama E).

8. Necesitarás dos llamas para cada vela (Diagrama F).

9. Haz cortes en las llamas (Diagrama G) y luego únelas. Coloca una llama sobre cada vela (Diagrama H).

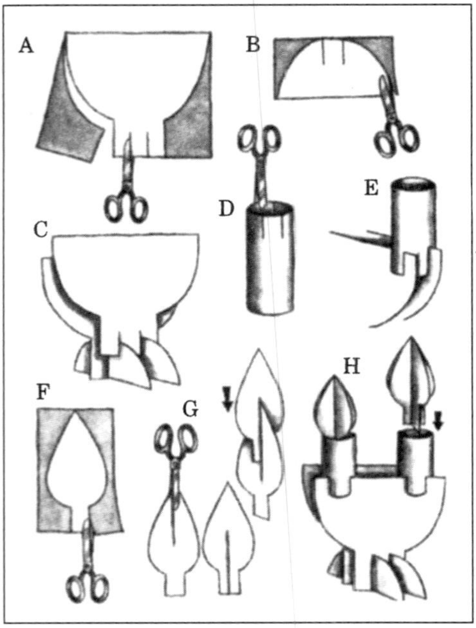

ÍNDICE ANALÍTICO Y DE NOMBRES

Los números en *cursiva* hacen referencia a las páginas en que aparecen ilustraciones.

abuela Hubbard, La, juego 98-99
actitud positiva hacia el aprendizaje, 45
actividades de la vida diaria, 32-33
ajuste social y emocional, 35, 36
alfabeto móvil, 80-81
animales de todo el mundo, 187-188
animales domésticos, 114-115
aparatos eléctricos, 59
aprendizaje paso a paso, 44-45
arte y manualidades, 102-105
asociación de padres y profesores, 131
aspectos sociales de la vida, sensibilidad a los, 24, 25
autocontrol del niño, 39
autoestima del niño, 33
ayuda de los padres
  ciencias, 136
  creatividad, 137
  geografía, 137
  historia, 136-137
  lectura, 132-134
  matemáticas, 134-135

banderas de todo el mundo, 194
Bell, Alexander Graham, 18
Bingo, clasificar por el sonido, 83

calcar, 167
calendario, 57
  anual, 157-158
  día de tu hijo, del, 95-96
  festividades, de, 191-192
  hogares a través de los tiempos, de los, 97-98
  vida de tu hijo, de la, 96-97
caminar, habilidad del niño para, 24
canciones e himnos nacionales de todo el mundo, 182
candelabros para la fiesta de las luces, 199-200, *200*
características universales de la infancia, 19
  aprender a través del juego/trabajo, 28-30
  deseo de aprender, 26-28
  etapas del desarrollo, 30-31
  independencia, 32-34

mente absorbente, 20-21, 47
períodos sensibles, 22-25
«Casa dei Bambini», 16
castigo, 40
ciudad, alrededores de la
lugares de interés, 129
oportunidades de aprendizaje en los, 128
visita al mercado, 128-129
visita al parque de bomberos, 129
visita al supermercado, 128
clasificar legumbres, 184
clasificar por los sentidos, 145-146
clasificar y agrupar conchas y piedras, 149
cocina, 61-67
cocinar, 65-66, 91-92
fregar los cacharros, 63-65
limpiar y lavar, 66-67
poner la mesa, 65
seguridad, 62-63
cocinar, 65-66, 91-92
comida étnica, 184-185
cohetes a los planetas, 189-190, *189*
colegio
asociación de padres y profesores, 131
ciencias, 91-94, 151-156, 186-190
ayuda de los padres con las, 136
etapas de desarrollo del aprendizaje, 108-110, 134-135
infantil, 130
ir al, 130-131
lectura
ayuda de los padres con la, 132-134
biblioteca, 133
canciones, actuadas con los dedos, 133
cuentos y libros, 133
cuentos y poemas, 133
dibujar, 133
enriquecimiento del lenguaje, 132-133
librería, 133
enfoque Montessori de la, 132, 134
preparación previa al, 130-131
collage, 104
compras, 128
concentración, 33
desarrollo de la, 45, 47
control de errores, 44
coser, 104-105
cuarto de baño, 67-69
actividades de la vida diaria, 69
juegos con el agua, 69
seguridad, 68
cuentos y poesías sobre el tiempo, 95-96

desarrollo de la personalidad, 35-37
etapas, 36
normalización, 36
papel de los padres, 36-37
desarrollo intelectual
actitud positiva, 45
aprendizaje independiente, 43-44
aprendizaje paso a paso, 44-45
concentración, 45, 47
desarrollo del lenguaje, 45-47
exploración sensorial, 42
habilidades de la memoria, 48-49, *84*, *85*
modelado, 44
motivación, 42-43
papel de los padres, 42-44
períodos sensibles, 42
desarrollo sensorial, 82-83, 145-148, 184-185
exploración sensorial, 42

descubrimiento del niño, El (Montessori), 17
disciplina, 38-40, 53-54
diseños con cordones, 168-169
Dixi, juego, 142-143
doblar papel, papiroflexia, 198-199
¿Dónde vivo?, juego de geografía, 100
dormitorio, 54-58
    a la medida del niño, 52
    actividades de la vida diaria, 55, 57
    dónde guardar cosas, 56
    mobiliario, 56-57

ejercicios de la vida diaria, 32-33
entorno del campo, 123-127
    bosque, 124-125
    código del campo, 123-124
    contaminación, 127
    estanques, corrientes, ríos y lagos, 127
    paseo de oír, 125
    paseo por el reino animal, 125
    paseo por el reino vegetal, 126
    playa, la, 126-127
    terrenos sin edificar, 127
entorno del hogar, 67-69
    a medida del niño, 52
    cocina, 61-67
        cocinar, 65-66
        fregar los cacharros, 63-65
        ideas prácticas, 64
        limpiar y lavar, 66-67
        poner la mesa, 65
        seguridad, 62-63
    contacto estrecho, 52
    cuarto de baño, 67-69
        actividades de la vida diaria, 69
        jugar con el agua, 69
        seguridad, 68
    dormitorio, 54-58
        actividades de la vida diaria, 55, 57
        decoración, 57-58
        dónde guardar cosas, 56
        mobiliario, 56-57
        necesidades del niño, 53
    vestíbulo y escaleras, 69-71
        actividades de la vida diaria, 71
    vida familiar, 53
entorno hecho por el hombre, 110
entorno natural, 108-110
    cultivo y control, 109-110
    etapas del aprendizaje del, 108-109
    interdependencia, 109
    observación, 108
    procesos y predicciones, 108-109
    responsabilidad, 108
entornos de aprendizaje
    alrededores de la ciudad, 128-130
    campo, 123-127
    hogar, 51-105
    jardín, 110-119
    parque, 119-123
estampar con frutas y verduras, 166-167
etapas del desarrollo, 30-31, 47-49
    adolescencia, 31
    cuadro de las, 47-49
    infancia, 31
    mente absorbente, 31
experimentos con agua en la cocina, 101-102

«familia humana, La», 171, 173-179
    culturas del mundo, 175-176
    festividades y celebraciones, 172, 176-177, 191-192
    globos terráqueos Montessori, 173

puzzle del mapamundi, 173-174
viajes y exploraciones, 177-179
festividades y celebraciones, 172, 176-177
figuras planas, 87-88
formas de la tierra, 161
fotografías del entorno natural, 151-152
fregar los cacharros, 63-64
Froebel, Friedrich, 15

globos terráqueos Montessori, 173
grabaciones de sonido durante el paseo, 148
gráfico del viaje al colegio, 185-186
grupos de juego, 130

habilidades de la memoria, 45
hacer banderas, 197-198
hacer un molino de viento, 186-187, *186*
historia, 95-98, 156-159, 190-192
ayuda de los padres con la, 136-137
comprender el tiempo, 136
habilidades de observación, 137
hecho o ficción, 137
importancia de la, 136
investigar el cambio, 137
recopilar información, 137
secuencias en la, 136
historias de exploradores, 192
Hospital San Giovanni, 14

imprimir las manos y los pies, 102-103
independencia, 32-33, 43-44
Instituto de Formación de Profesores de Barcelona, 18
interpretaciones erróneas de las ideas de Montessori, 29-30
Itard, Jean, 14, 15

jardín de infancia, 32, 130
juego, aprender a través del, 29-31
juego de flotar y hundirse, 92
juego de la bolsa misteriosa, 82
juego de la granja Montessori, 141-142
juego de las frutas, 146-147
juego de las verduras, 147-148
juego de levantar tarjetas, 155-156, *156*
juego de lenguaje «¿Dónde vivo?», 183
juego de los continentes, 195-196
juego de los grupos de alimentos, 94
juego de los objetos, 76-77
juego de robar, 88-89, *89*
juego de seguridad vial, 165-166, *165*
juego del cumpleaños, 190-191
juego del silencio, 75-76
juego «¡Iguales!» de países, 182-183
Juego «¡Iguales!» del transporte, 193-194
juego numérico de cubos, 90-91
juegos y actividades
de todo el mundo, 182-200
arte y manualidades, 197-200
ciencias y naturaleza, de, 186-190
de matemáticas, de, 185-186
desarrollo sensorial, de, 184-185
geografía, de, 193-196
historia, de, 190-192
lenguaje y lectura, de, 182-184
vida diaria, de la, 184-185
elección adecuada, 71-72, 73-74
en el hogar, 73-74
arte y manualidades, 102-105
ciencias y naturaleza, de, 91-94